高维增长2

—— 他们和你一起成长

他们和你一起成长

企业如何布局未来,实现高维增长?

扫码关注"商界联合"
公众号链接更多资讯

扫码咨询客服
报名参加课程

孙丹

希捷科技全球高级副总裁暨中国区总裁

一亿中流2035战略私董会学员

我的选择一向比较逆向思维,去新部门或者从来没人突破的领域,甚至从工程师到销售,身边的人都非常诧异。但我一直认为职场中要懂得看趋势,找到上升期的行业,同时也要居安思危,永远要找自己的第二条曲线。令我感到惊喜的是,海峰老师的"七段生命周期论""以终为始"和我一直以来的理念不谋而合。我始终相信"强者恒强,挑战也是机遇"。在朝着更高目标前进的征途中,我选择与一亿中流携手并进。海峰老师通过理论+实战案例的分享,赋能我们进行战略升级,让我们汲取更多跃升力量。所以,《高维增长2》是每一位企业家的必读书,"高维战略"更是必修课,能帮助我们抓住时代机遇,共同奋力推开更宽阔的希望之门!

海峰老师点评:

孙丹总长期出现在中国福布斯女性排名名单中,希捷中国在她的带领下,实现了大中华区数百亿元的销售额,她是毋庸置疑的精英企业家。孙丹总既是各大论坛的演讲嘉宾,又能沉静下来深度学习与思考。你会发现,成功的人都有其不同的"内在逻辑",有其独特的"成长系统"。强大的汲取营养的能力,转化为自身的动能,高效率的工作产出,同样10年,人与人之间就会拉开数十倍的差距。一亿中流会陪伴孙丹总,不断开辟更大且更精彩的战场!

他们和你一起成长

罗泽伟
梧桐岛创始人

一亿中流2035战略私董会学员
一亿中流全面战略合作伙伴

  梧桐岛是一座都市中的 Office Park，24栋低密度生态办公园区，聚集了大湾区众多科技型企业。我们的经营理念和一亿中流有相似之处，筑巢引凤，陪伴优质企业成长、腾飞。有幸在"高维战略"的课堂上与海峰老师相识，深入交流后我被"顺势借力"的强大思维逻辑所震撼，决定必须与优秀的人同行，所以我加入了一亿中流2035战略私董会。未来梧桐岛与一亿中流也将在商学咨询、产业园区等维度深入合作，真正实现"种好梧桐树，引得凤凰来"。《高维增长2》是海峰老师近二十年经验提炼所得，会让你豁然开朗，找到更清晰、更高维的视角去看商业，值得每一位企业家静心学习。

  以自身的知识和智慧，帮助中国的中小企业走向强大，走向世界，是泰华地产的愿景，海峰老师正在实践中。

海峰老师点评：

  泽伟总的泰华地产所打造的"梧桐岛""梧桐村""梧桐镇"是大湾区的传世项目，一亿中流在全国考察过无数的产业园，无论是国资还是民营，"梧桐系"是真正让我眼前一亮的作品。我和泽伟总深度交流后，明白这一切起源于他10年前的起心动念：地产高杠杆的模式不可持续，单一没有灵魂的资产没有价值，唯有以超长期的眼光，以终为始地打造生态型、人文型产城，以社区型物业为经营理念，100万平方米的全自持资产，才有可能获得未来使用者的青睐。"梧桐系"做到了，在今天大资产建设潮退去，大运营时代到来的趋势下，"梧桐系"一直保持着超高的入驻水平，超低的企业换手率，超强的企业家黏性，超强的安全边际，成为地产界的一股清流。我强烈建议所有资产开发者深度学习"梧桐岛"，这是资产开发及运营的未来标杆！

  一亿中流与泰华地产全面战略合作，共同打造未来的创新型产业城市标杆！

他 们 和 你 一 起 成 长

胡传磊
芸岭鲜生创始人

一亿中流2035战略私董会学员
一亿中流战略投资企业

很荣幸与海峰老师相识，他的"高维战略"课程确实让我受益颇多。芸岭鲜生在有机农业发展的道路上走了7年，到今天，对于我来说最重要的是对行业现阶段的判断和企业未来发展的战略与规划，企业的发展步伐可以慢些但方向绝不能错。海峰老师的《高维增长2》一书通过对企业的顺势借力、行业周期、发展节奏、未来规划等深度剖析，让企业家把思维打开。图书内容通俗易懂，真心希望能有更多的企业家朋友看到、学习到，提高认知少走弯路，让企业步步辉煌！

海峰老师点评：

芸岭鲜生是中国有机蔬菜种植及健康食品制造的领导企业，7年前传磊同学开始大规模进入有机蔬菜种植，用工业化思维全线升级改造农业化种植，才使有机蔬菜成本高、损耗大的问题得到实质性改变，让中国百万家庭吃到了便宜且放心的有机蔬菜。芸岭鲜生也获得了盒马鲜生、山姆超市等头部零售企业的青睐。放眼未来，中国有机蔬菜的行业渗透率仅1%，与发达国家接近30%的行业渗透率相比还有巨大成长空间，一亿中流会帮助芸岭鲜生，成为未来趋势的最大顺势借力者！

他们和你一起成长

张建华
广昌保时捷董事长

一亿中流2035战略私董会学员
一亿中流战略投资企业

2002年我开始创业,做了非常传统的汽车后服务市场行业,也上过各类的课程,每个课程都有非常好的值得学习的知识。但是自从2021年接触了"高维战略"课程,打开了我的视野和思路,从之前的企业定位、管理、分配的实践,到更高维度"顺三势,借三力"思考企业,企业发展获得了不错的效果。我认为所有企业家都应该从更高的维度去思考企业,这样才能有机会摆脱内卷,实现更好的企业盈利。"高维战略"是每个企业家必备的思维模式。

海峰老师点评:

聚焦保时捷改装,将车以旧翻新改造得严丝合缝,效果惊艳,且费用低到超过所有人的预期,一年改装超过3000辆保时捷,拥有一座2万平方米的"改装工厂",这是广昌保时捷做出的"行业奇迹",但绝对不是广昌保时捷的天花板!在高维战略思想的指导下,广昌保时捷提出了"数字化、流量化、全国化、链条化"的全新发展战略,打开了新的数十倍成长空间,相信不久的将来,我们会一同打造出在汽车后服务市场的新模型、新战略、新平台!

曹炎
兰湘子创始人

一亿中流2035战略私董会学员
一亿中流战略导航咨询服务企业

　　与海峰老师相识，源自一堂"高维战略"课程，三天的学习，让我决心加入私董会继续学习顺势借力的精髓，课程系统且全面地解决了企业高维增长的关键。而《高维增长2》一书很好地解决了大家如何初次了解高维战略的问题。从结构效率大于运营效率，从产业的终局来思考企业的终局，只有穿越周期的企业才有未来……这些精辟的内容会让企业家读者大饱脑福。

　　在一亿中流2035战略私董会的朋友圈里，我找到一群志同道合的创业者，他们的精神相互鼓舞着对方，创业故事启发了彼此，这样一个群体正是企业家难以寻找的，我希望在这个课堂中继续学习下去，永不毕业！

海峰老师点评：

　　一家西安企业，在新冠疫情3年中逆势开出近300家门店，成为全国知名的湘菜连锁品牌，曹炎同学将"点线面"战略、结构效率释放到了极致，充分说明了无论市场好与坏，好的企业都会脱颖而出。今天，曹炎同学3年前在私董会课堂上做的"战略作业"，用顺三势和借三力构思的未来发展图景，成为许多同学的学习榜样。曹炎同学更是将半个西安的餐饮圈企业家，带到了一亿中流2035战略私董会的课堂，做企业有格局，得道者多助！

饶勇
王的手创品牌主理人
一亿中流2035战略私董会学员

由于个人性格的关系，本人对商业类的培训课程都是反感的，也从来不参加。但成为海峰老师的学生却让我收获极大，不管是他多年积累的实战经验，还是看待事物发展变化的全局眼光。在海峰老师身上你可以感受到极大的能量场，不是雕虫小技和投机取巧，而是骨子里的自信，也是对中国未来的自信。

如何顺势、如何借力是所有中国创业者都必须要思考和践行的事。《高维增长2》一书深入浅出地阐述了大量案例，你会发现只要站在高维，很多困扰都不再成为问题，不设边界、充满想象。

海峰老师点评：

饶勇同学是一个文化创业者，更是情怀创业者！他将中国的诸多非遗手作传承下来，并用商业思维将民族的瑰宝发扬光大，这是我在饶勇同学身上看到的光芒。然而，"文创企业做不大"是困扰很多文创企业家，制约文创产业发展的一堵高墙。越过高墙，就需要更高的经营思维，我相信在不多久的将来，饶勇同学的"文创+"战略将会惊艳市场，用更产业化的思维，将中国非遗手作发扬光大！

他们和你一起成长

曹雁冰

安徽伟宏钢结构集团股份有限公司董事长

一亿中流2035战略私董会学员

在当今这个复杂多变的商业世界，企业如何顺应时代趋势，突破行业发展的天花板，从而在激烈的竞争中脱颖而出？这是当今所有企业家密切关注的问题。在伟宏钢构多年的自我探索中，我认为打开认知视野，是现今态势下每个企业家都要面对的重要课题。

海峰老师《高维增长2》一书，正是一把打开企业创始人和高管认知边界的钥匙，不仅清晰印证了企业增长的本质，更通过丰富的实际案例让每一位读者掌握"站在高处看全局，着眼未来看现在"的战略思考路径及方法论。正所谓"登高而招，臂非加长也，而见者远；顺风而呼，声非加疾也，而闻者彰"。

《高维增长2》已经成为伟宏钢构管理团队的必读书，感谢海峰老师与一亿中流的努力与分享！

海峰老师点评：

雁冰同学的伟宏钢结构集团股份有限公司是一家数十亿元规模的大型企业。在地产大市场下行期中，该企业面临的挑战不断加大。然而，雁冰同学借助新思维，果断加大了产业地产的投入力度，主动减少住宅占比，换道思维，在市场的整合期稳定了企业的基本盘！产业思维、赛道思维，是企业家最重要的战略思维！从更高的视野看，未来，伟宏钢构拥有更大的产业机遇，搭建新平台，引入新力量，重构产业的结构效率。我相信，一个产业的整合期，才是区分裸泳者和穿衣人的最佳时刻！

胡凯
商界联合董事长
一亿中流战略投资企业

在商业的无尽征途中,企业如流星般闪烁其间,创业者不懈努力,渴望能够超越常规,瞭望更广袤的商业银河。在《商界》三十年经营历程中,我们见证和陪伴一代又一代的企业家成长,当下商界联合顺应流量势能、整合商界资源之力正快速发展,走出的每一步都是高瞻远瞩的。海峰老师的《高维增长2》一书揭示了从高维中才能发现企业增长的秘诀。感谢他的无私分享,让更多企业家发现行业周期,实现稳健有力增长,让我们能够更从容地驶向成功的远方。

海峰老师点评:

商界联合是短视频内容时代中成长出的全新平台。短视频大潮正兴起,胡凯总在短短2年时间里,从几人的创业团队发展成超过200多人的行业黑马!数个千万级粉丝的头部知识博主,诠释了在商业世界中"势"的力量。一亿中流与商界联合的合作,正是"相互借力"的经典案例。我的线上短视频,正是交给商界联合专业打造,仅仅半年,线上粉丝突破800万人,在如此内卷的短视频领域,强强联合,顺势借力,依旧威力无穷!

他们和你一起成长

欧阳中铁
陈列共和创始人兼CEO
一亿中流2035战略私董会学员

方向比努力重要，但真正又有多少企业家系统学习过战略，学习过战略选择？2023年有幸走进海峰老师的"高维战略"课堂，让我这个10年创业老兵兴奋不已，其顺三势借三力的方法论可谓是高屋建瓴。

陈列共和作为服装企业培训领域的领导品牌，一直在不断尝试突破自身的天花板，基于海峰总"高维战略"及"2035战略私董会"的学习，我们更加明晰了战略，找准了方向，打开了边界和各种可能性。短短几个月，我们就基于客户出发，展开了一系列的产业投资和资源整合，大大推动了陈列共和成为服装产业赋能平台。我们也相信未来在一亿中流的陪伴下，陈列共和将成为服装产业领域的独角兽，赋能中国服装产业升级进化。

海峰老师点评：
在欧阳同学的带领下，陈列共和正从一个"行业领先的培训平台"向"领先的产业赋能平台"升级突破！这正是顺应未来企业服务产业的大势所趋，聚焦产业，重度赋能。在产业中将根种下去，长期培育，才能结出不同的果实。不做割草人，而做种树人。一个企业战略的升级，本质上是领导团队认知的升级，我从欧阳同学的身上看到了不断升维的思维，这是做成一家产业赋能平台的最重要根基！我相信不多久，数万家终端服装门店因陈列共和也会再度升级！

柳婉琴
LadyBoss创始人

一亿中流2035战略私董会学员
一亿中流战略投资企业

2023年是LadyBoss发展的关键时期，我们需要寻找志同道合的战略伙伴，来带领LadyBoss平台及平台上女性创业者走向下一个高峰。2023年3月，我们走进海峰老师的"高维战略"课堂，仅仅一个上午，就被海峰老师的高维战略所震撼。我深刻意识到，唯有对产业、经济、国家政策把握得更加清晰，学会顺势借力，企业才能跨越周期，迈向更远的未来。而LadyBoss作为陪伴着中国女性创业者成长的平台，更需要向海峰老师学习，用更高维度的战略来引领中国女性创业者走向下一个高峰！

LadyBoss有幸与一亿中流携手，感谢海峰老师和整个团队的赋能，未来我们一同共攀高峰，共创辉煌。

海峰老师点评：

婉琴老师身上有一股强大而温暖的力量，这股力量来自她的成长经历，更来自她的创业使命——打造中国领先的女性创业者成长平台！随着国家经济升级，女性从家庭事务中解放出来，更多的女性创业者出现，在经济中的地位更加显著且重要。女性创业者拥有许多男性不具备的创业优势及领导力，同时也面临着更大的平衡挑战。女性创业者需要一个陪伴其持续成长的"女创服务平台"，这是一个极有社会价值，同时需要巨大力量才能建成的平台。需要顺势，更要借力！一亿中流会陪伴LadyBoss和婉琴老师，构建全新的战略平台，将行业顶尖的产业力、资本力聚合其中，共同打造中国领先的女创成长平台！

他们和你一起成长

董双清
名媛之家创始人

一亿中流2035战略私董会学员
一亿中流战略投资企业

经营企业就像培养自己的孩子一样，以前我们都是按照自己的想法做，没有很强的逻辑性。接触到海峰老师"顺势借力"的整个逻辑体系后让我豁然开朗，当我把之前的想法梳理到这个体系中，自己的思路也越来越清晰。当你把自己的生意真正看明白了，再回头看整个商业世界才能更轻松。《高维增长2》是海峰老师基于自己做企业的经验总结而成的，具有非常强的实战性。我认为，作为企业的一把手，如果你想内心更加笃定，就一定要带领高管团队一起把这本书读三遍！

海峰老师点评：

双清同学是中国下沉市场消费升级的领导者代表。我在课堂上常说，中国未来的关键战场在20个核心城市，但同时，在庞大的数百个地级市及上千个县域，依旧蕴藏着巨大的经济潜力和机遇。但关键是，用什么打法去实现在下沉市场的深耕。双清同学领先的经营管理数字化系统，及独特的经营管理方式，用高维思维，让这样不起眼的小生意，成了有巨大成长空间的大生意！名媛之家今天在县域市场已经超过400家门店，不远的未来，我相信千家门店，指日可待！

他们和你一起成长

何振阳
薪龙网创始人

一亿中流2035战略私董会学员
一亿中流战略投资企业

顺未来的势，顺周期的势，顺全局的势；
借政府的力，借资本的力，借产业的力。

当初看到海峰老师"顺势借力"理念的时候，就瞬间被吸引住了；我们也非常有幸在数字化人力资源的赛道上得到海峰老师、一亿中流的深度支持和赋能。

在这个瞬息万变的商业时代，规律的力量变得尤为重要，把握变化中的不变，乘着趋势发展自己，是未来每位企业家都应该具备的素质。

《高维增长2》是一本教授企业家如何成为商业赛道专业级赛手的著作，通过顺势而为的产业思维、以终为始的战略思维、产融互动的资本思维和各种实用理论启发企业思维，站在更高维度去经营企业，在大分化的时代中脱颖而出。其中印象最深刻的便是树立企业家产业观五大思维方式中的周期思维，正是海峰老师知行合一，且通过自身的经历将实践转化为理论后进行的再传播。

海峰老师点评：

振阳总所带领创立的薪龙网，是国内灵活用工数字化赋能平台的领导企业。灵活用工在发达国家的劳动力市场占比接近40%，是一种未来普遍的企业劳动者合作方式，而在国内仍不足10%，还有巨大的成长空间。其中，中国势必会出现大量的用工企业、人力资源服务平台和万千的劳动者。如何为三方搭建一个数字化平台，保证其各环节合规、安全、高效，振阳总和他的创始团队出身于阿里巴巴，俯身向下，一股脑儿扎进了这个"细分战场"，扎扎实实地做出了一个受三方青睐的领先平台。未来，薪龙网会不断地打开边界，不但在2B战场中顺势借力，更要进入2G端服务各省各市的人力资源平台，为万千劳动者提供放心平台，这是一项有巨大社会价值的事业！

一亿中流集团简介

成为全球卓越的企业服务加速器

一亿指代分布在各个行业，营收或估值介于千万元级至亿元级的企业，它们具备强技术、好产品，是细分领域的潜力股。

中流是指未来中国经济发展的主要力量和中流砥柱，这些企业的升级和涅槃，很大程度上决定了地方经济的下一轮高质量增长。

一亿中流集团成立于2015年，集团总部位于杭州，由和梓创实集团、浙江清华长三角研究院杭州分院联合发起，并获得中金资本、东方汇富等顶级资本投资及知名国投集团战略投资。

一亿中流集团聚焦于服务国内亿元级腰部企业和地方政府，陪伴国内一亿中流型企业成为未来各行业的中流砥柱，并与地方政府战略合作，打造推进全国各地经济增长的新引擎，成为各地方政府产业聚集加速的重要合作力量。

成立九年，一亿中流集团开创性构建"一体两翼"全要素、全周期、全链路重度赋能平台。"一体两翼"即以一亿中流企业服务加速器为载体，以"中流资本"产业投资和"一亿基业"产业总部经济为两翼。

一亿中流集团"一体两翼"模式

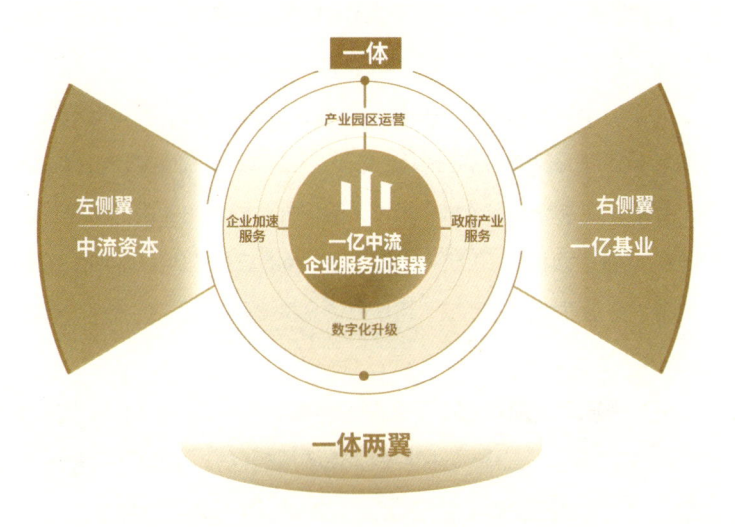

一体

产业园区运营

左侧翼
中流资本

企业加速服务

一亿中流企业服务加速器

政府产业服务

右侧翼
一亿基业

数字化升级

一体两翼

开创性构建"一体两翼"全要素产业赋能平台
链接亿万级资源生态的优质产业资产运营商

以一亿中流集团企业服务加速器为载体，以"中流资本"产业投资和"一亿基业"产业总部经济为两翼

使　命：为中国企业赋正能，为商业世界注清流

愿　景：成为全球卓越的企业服务加速器

价值观：赤子之心，成人达己，知行合一，坚定精进

一亿中流集团深度融合商学培训、战略咨询、数字化升级、产业资源链接、地方政府政策支持等要素，聚合各方力量，构建一体化服务模式，全面升级企业服务大链路。同时，深化布局企业服务体系，引领企业服务新业态，与多家知名企业服务机构建立长期战略合作伙伴关系，联手打造协同、开放、共赢的企业服务生态大板块。

一亿中流集团每年新增聚拢、服务企业超5000家，历史服务企业累计超20000家；在杭州、上海、广州、成都、西安、长春、青岛、合肥、南京等十多个核心城市，落地一亿中流企业服务加速器超25座，总管理面积超50万平方米，辐射经济总量达5000亿元；战略投资覆盖企业已经超过百家，重度赋能、深度培育及战略投资大批行业独角兽企业。

一亿中流集团现有专业服务人员超300人，在亿元级企业深度服务和地方政府产业培育等领域积累了诸多成功经验，塑造了大量标杆案例，为中国亿元级腰部企业及地方经济的提振发展贡献积极力量。

一亿中流集团始终秉承赤子之心，以成为全球卓越的企业服务加速器为目标，为中国企业赋正能，为商业世界注清流。

一亿中流集团
全国企业服务加速器分布

杭州：
上城区·绿谷·一亿中流加速器
西湖区·瑞泽·一亿中流加速器
西湖区·开物创新·一亿中流加速器
滨江区·浙水·一亿中流加速器
余杭区·仁和·一亿中流产业园
余杭区·柯创园·一亿中流加速器

上海：
虹桥商务区·阿里中心·一亿中流加速器
奉贤区·临港南桥·一亿中流加速器

南京：
江宁区·佳强大厦·一亿中流加速器

合肥：
包河区·云谷创新·一亿中流加速器

金华：
经开区·金华之心·一亿中流加速器

西安：
高新区·硬科技港·一亿中流加速器
高新区·高科云谷·一亿中流加速器
高新区·数智产业·一亿中流加速器
高新区·科创中芯·一亿中流加速器

成都：
金牛区·云上观邸·一亿中流加速器
青羊区·航空总部·一亿中流加速器
金牛区·环投大厦·一亿中流加速器

青岛：
高新区·万联大厦·一亿中流加速器

长春：
净月高新区·君临智谷·一亿中流加速器

南昌：
红谷滩区·人社大厦·一亿中流加速器

长沙：
湘江新区·北斗·一亿中流加速器

广州：
番禺区·德舜大厦·一亿中流加速器

深圳：
宝安区·梧桐岛·一亿中流加速器

一亿中流产业投资
（中流资本）

一亿中流直投基金

　　围绕生态圈内培育的优秀一亿中流型企业，以一亿中流产业直投 + 资本服务为核心模式，成为企业的战略合伙人股东。一亿中流直投规模超过5亿元，内部收益率（IRR）超过50%。

地方政府产业招商基金

　　基于一亿中流与全国核心城市地方政府的全要素合作，一亿中流先后在山东、浙江、广东地区与地方政府设立了联合的地方政府产业招商基金，发挥地方政府与一亿中流的双向优势，将"产业投资 + 产业扶持落地"真正做到有机结合。目前管理基金规模近20亿元，总招商产值超过500亿元。

一亿中流S基金

　　一亿中流集团和国内顶级资本机构战略股东强强联合，各自发挥在资产管理、产业创新、整合资源等方面的优势，共同组建S基金，为一亿中流生态内产业资本及高净值客户获取投资机会，创造价值；同时通过部分直投推动产业升级，支持实体经济发展。

一亿中流战略投资覆盖企业(部分)

蓝美股份 以科技种业为根基、以营养食品化运营为核心的国家产业化农业龙头	**申义** 国内首家3D环物拍摄软硬件一体方案解决商	**SPACE 上海寰宇乾蓝航天科技有限公司** 中国第一家面向工业化产能建设的商业航天企业	**SJSEMI (中芯长电)** 国内半导体中段硅片加工领域龙头企业
Sinopont 光伏电池封装胶膜头部生产商	**思坦科技 SITAN TECHNOLOGY** Micro-LED全套解决方案技术提供商	**Nanopore (纳力新材)** 国内领先的锂电复合集流体材料研发商	**GRAMPUS (中智鲸工)** 轴类专用加工设备制造商
Tiansheng (天晟微电子) 集汽车智能新材料研发、生产和销售于一体的高新技术企业	**加速科技** 半导体数模混合信号测试设备国产替代领军企业	**INVISPOWER** 全球领先的高科技汽车电子产品及新能源整车大功率无线充电产品供应商	**飞盘金刚石 FAMOUS DIAMOND** 工业级磨削类金刚石领域细分龙头公司
陸田消防 MT.Fire control 拥有自主核心技术的国际化科技型消防企业	**DoGain 度豆激光** 国内高性能激光芯片领域第一梯队	**SRI1** 国内ALD设备(原子层镀膜设备)龙头供应商	**JESDY 全时代** "供应链+数字化"智造服务商
广昌 二十二年专注保时捷改装维修	**核心医疗** 致力于研发超小型全磁悬浮人工心脏	**DALU** 国内产品线最为齐全的针对吸入制剂进行配套服务的递药器械企业	**HUIRBIO 惠宝生物** 微生物发酵健康产品全链服务平台
老爸评测 DADDYLAB 最受民众认可的消费者质控平台	**叁SAN YI** 中国汉服第一品牌	**bosie** 中国新锐设计师品牌	**消闲果儿** 中国量贩零食全国连锁品牌领跑者
股票代码:873683 **云集数科 UNIONSTONE** 北京中关村国家高新技术企业	股票代码:HK00994 **顺联动力** 9000w+注册用户的港股上市社交电商平台	股票代码:300749 **顶固 Topstrong** 国内综合型的整体家居一体化创新方案解决商	**M.Y 名媛之家** 全国下沉市场第一内衣连锁品牌
UMISKY 优美世界 大型服饰品牌管理企业	**STARMERX 星商电商** 数据和算法驱动的跨境电商领军企业	**利和味道 LIHOO'S** 中国领先的食品科技企业	**Mr.Yunling 食客机缘** 高端有机食材供应链平台第一品牌
淳静环境 专注于新型环保包装材料研发生产	**RoadShowChina 路演中** 拥有70000+注册用户的一体化路演在线解决方案供应商	**查税宝 CHA SHUI BAO** 全国首家财税大数据风控平台	**ladyBOSS (LadyBoss恩智丽)** 国内领先的创业女性成长服务商平台
sencet (森韶) 以智能控制为载体,致力于智慧城市减排增效系统解决方案的科技公司	**粒子光速** 专注于未来网络优化服务的建设与研究的网络性能优化服务商	**DERA For Data Vitality (得瑞领新)** 国内领先的企业级SSD供应商	股票代码:832213 **双森股份** 世界级精密不锈铜管定制专家
神络医疗 NEURO MEDICAL 神经疼痛领域明星初创企业	**阿得里 Adeli Media** 为机构达人提供品牌增值、运营策略、商业变现的生态平台	**Maternal Care** 华东区域月子会所第一梯队 品牌实力领跑母婴行业	**e.VAT MASTER 欧数谱** 跨境电商一站式VAT税务服务平台
薪龙网 51xinlong.com 成为领先的数字化人力资源生态服务平台	**商界 联合** 国内第三方知识IP孵化引领机构	...	

一亿中流企业服务体系

核心服务

战略
商学培训、战略咨询

资本
资本规划、产业投资

产业
一亿中流生态朋友圈

**政府学堂
战略护航**
……

增值服务

组织管理咨询
诊断 企业经营管理诊断
咨询 组织优化&薪酬绩效
　　 体系设计、年度经营规划

财税筹划咨询
诊断 企业财务财税体检
咨询 共享CFO

股权激励咨询
诊断 企业股权健康诊断
咨询 公司股权设计咨询

品牌营销咨询
诊断 企业品牌营销诊断
咨询 企业品牌营销咨询

**企业出海咨询
精益生产咨询**
……

增值服务　　　　　　　　　　　　　　　增值服务

基础服务

财　税　法
企业财务　企业税务　企业长期顾问
问诊　　　问诊　　　劳动纠纷处理
灵活用工
灵活用工解决方案

政策申报
项目申报　　职称申报
企业认定　　科技服务

知识产权
知识产权　　产业运营
全球合规　　打防一体化

**普惠金融
数字化
AI创新**
……

一亿中流2035战略私董会
一场面向2035年的长期陪跑计划

一起学

**一年六堂大课
十二年不断巡回**

由刘海峰老师主授的六门核心大课，培养企业家学员"顺三势借三力"的六大核心能力。

- 顺势未来：商业大势与企业机会
- 顺势周期：机会取舍与战略选择
- 顺势全局＋借力产业：无模式不赢
- "高维战略"规划辅导营
- 借力资本：驾驭资本六脉神剑
- 借力政府：企业To G战略

城市游学＋大咖分享

每年进行两次标杆城市游学，并以半年度为单位，邀请产业资深专家，结合赛道"六大升级"方向，为学员带来最新的思想盛宴。

年度战略大课

总结上一年战略成效，落实下一年战略安排，为学员指明发展方向，共同迈向新的征程，不断迭代至2035年。

一起干

深度合作、产业赋能

一亿中流通过战略入股及战略合作等方式，与学员建立紧密的联系，一起围绕未来的新产业和新赛道展开合作，成为产业赋能的一分子，深度参与企业的未来发展过程。

开放全域产业生态

一亿中流拥有超2000位亿元级企业家的产业生态朋友圈，向私董会学员全面开放，相互助力，共同成长。

一亿中流开放全国数十家顶级资本机构直通车，为学员企业发展壮大提供重要的战略资金资源。

一亿中流开放全国政府政策直通体系，为学员企业拓展业务版图和落地各个核心城市发展，提供一站式的政策服务及产业扶持。

>>> **助力企业重构战略**　　**助力企业快速成长** <<<

与奋斗者并肩，共攀高峰；与卓越者同行，共创辉煌。
一亿中流与广大志同道合的企业家携手共进！

一起走到2035！

一亿中流生态朋友圈

开放共享、生态赋能

汇集 10000+ 亿元级企业产业资源库、近百家领先投资公司合作通道、数十处地方政府的政策扶持通道等关键成长资源，为一亿中流企业家提供更便捷、更有效的服务，为更多企业提供更大发展舞台。

加速资源一览

| 免费风险检测服务 | 一亿中流商学服务 | 全生态企业服务 | 政府对接 | 资本对接 |

积分商城

| 投资对接 | 千亿会员服务 | 积分商城-商学咨询 | 积分商城-生态产品 | 积分商城-全国空间 |

产业生态一览 (1000+生态企业)

扫码链接千亿资源

会员核心权益概览

权益类型	普通会员 (<1w积分)	一亿会员 (<10w积分)	十亿会员 (<50w积分)	百亿会员 (<200w积分)	千亿会员 (200w+积分)
企业服务直通车	✓	✓	✓	✓	✓
5000+产业资源链接	✓	✓	✓	✓	✓
30+地方政府政策直通车		✓	✓	✓	✓
50+专业资本直通车			✓	✓	✓
一亿中流项目投资直通车				✓	✓
一亿中流全体系资源调动					✓

*采购一亿中流生态板块内任意一项服务，即成为一亿中流生态会员，享受全体系赋能的"加速度"。

生态积分规则

生态服务	消费类型	奖励来源	奖励比例
企业战略陪跑及系统咨询服务	课程类产品 (高维战略除外)	消费金额	4:1
	咨询类产品	消费金额	6:1
	课程转介绍 (2035战略私董会)	消费金额	6:1
一亿中流企业服务加速器	空间服务	消费金额	8:1
	咨询服务	消费金额	6:1
一亿基业	购买资产金额	消费金额	20:1
中流资本	项目投资	投资金额	20:1
	退出回报	回报金额	20:1

*奖励比例指每消费一款对应产品可兑换多少积分，如"4:1"是指，每消费4元得1积分

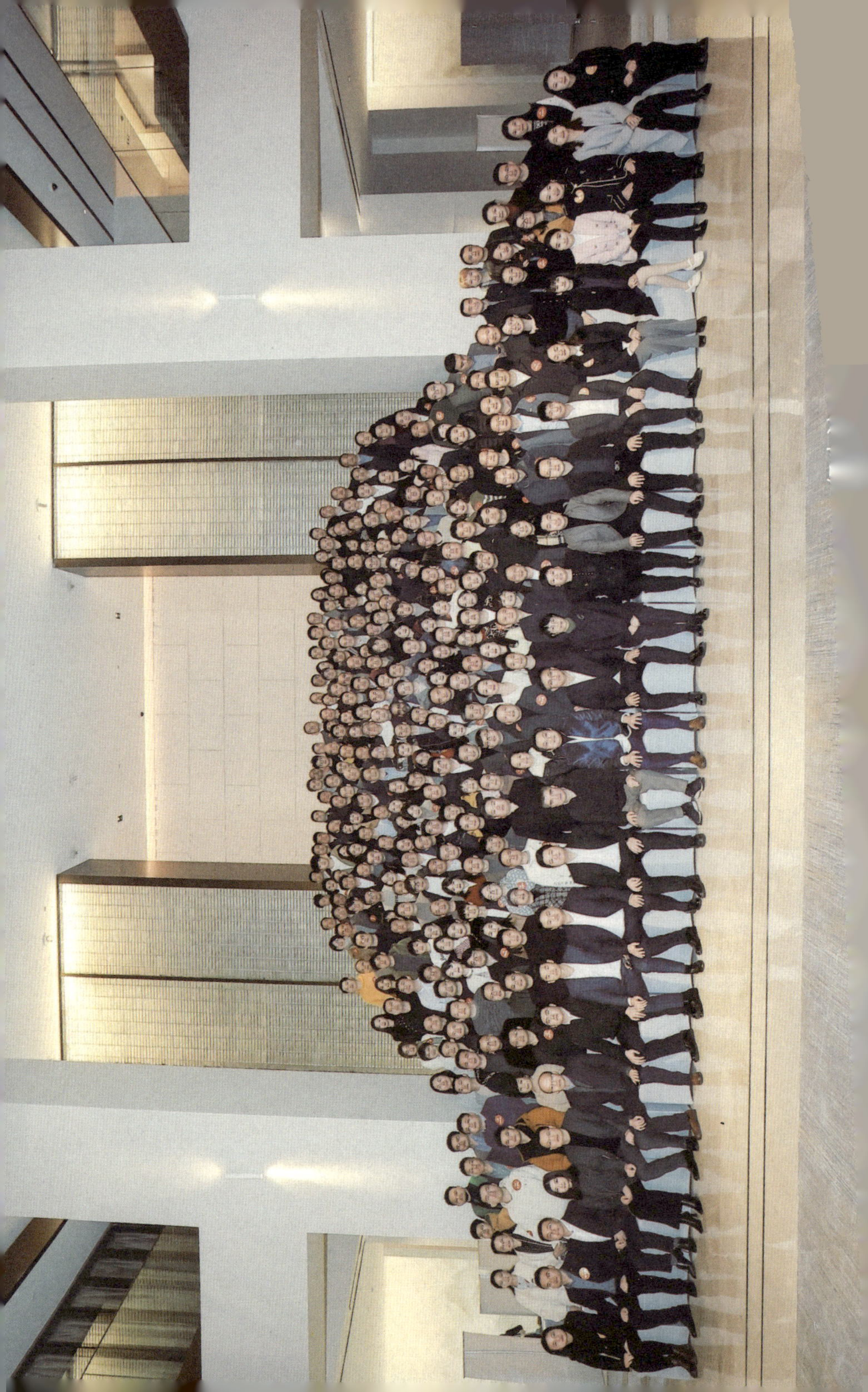

2035见

谨以此书献给
正在奋斗中的企业家。

一路同行

高维增长 2

——企业经营的52条黄金法则

刘海峰 著

电子工业出版社
Publishing House of Electronics Industry
北京·BEIJING

未经许可，不得以任何方式复制或抄袭本书之部分或全部内容。
版权所有，侵权必究。

图书在版编目（CIP）数据

高维增长.2，企业经营的52条黄金法则 / 刘海峰著. —北京：电子工业出版社，2024.2
ISBN 978-7-121-47075-2

Ⅰ.①高… Ⅱ.①刘… Ⅲ.①企业经营管理—研究—中国 Ⅳ.①F279.23

中国国家版本馆CIP数据核字（2023）第247477号

责任编辑：杨洪军
印　　刷：河北迅捷佳彩印刷有限公司
装　　订：河北迅捷佳彩印刷有限公司
出版发行：电子工业出版社
　　　　　北京市海淀区万寿路173信箱　邮编100036
开　　本：880×1230　1/32　印张：8.75　字数：244千字　彩插：4
版　　次：2024年2月第1版
印　　次：2025年2月第6次印刷
定　　价：99.00元

凡所购买电子工业出版社图书有缺损问题，请向购买书店调换。若书店售缺，请与本社发行部联系，联系及邮购电话：（010）88254888，88258888。
质量投诉请发邮件至zlts@phei.com.cn，盗版侵权举报请发邮件至dbqq@phei.com.cn。
本书咨询联系方式：（010）88254199，sjb@phei.com.cn。

写给创业者的一段话

虽然商业竞争的尽头是进化与集中，但是我们心中都知道，每一个人最终都必须面对三退一进的残酷淘汰赛，退者可能一无所有，进者也不会永续不倒。同时，在道路上，我们常常会因压力而喘不过气，常常要面对无数未知风险，常常要面对夜深人静时的无助，当然也会为短暂的成果狂欢、为千辛万苦到达的彼岸流泪……我们就如大航海时代中的水手，因为对未知大陆的憧憬而向大海深处行驶。因为前赴后继的创业者，才有了最终被发现的新大陆，才有了商业文明向更高峰进化。作为战略服务者，我希望能够作为创业者手中的指南针，帮助更多人找到正确的方向，祝愿每一位创业者都能心有理想，脚踏实地，到达心中的新大陆！

序言
这是成为专业级经营者的必备金条

《高维增长》一经出版,得到了众多读者的一致好评。我看了网上许多读者的留言,有学生、职场人士、创业者、公务员、律师、会计师、投资人,甚至医生……有国内的读者,更有全球很多地方的读者。

有的读者,看了我的许多线上短视频和图书,漂洋过海回国参加我的线下课程,希望我在书上签上名字,这让我感动不已,这是我与读者们的幸福时刻,也是心力的传递时刻。此时此刻,我要衷心地对各位读者说:"感谢大家的喜欢,这让我更坚定地相信,将心注入,一直坚持,念念不忘,必有回响。"

同时,更让我看到,商业、经营,已经不仅影响了企业经营,而且深入到每个人生活的方方面面。提高一个人的认知,对一个人的改变将有多么巨大。

是大家,让我有了撰写第二本书的动力,将我的所思所想,更多地分享给大家,希望它能够帮助更多在大航海时代中的前行者!

序言

《高维增长2》与《高维增长》是何种关系呢？

在我写《高维增长》时，留了一个"小彩蛋"：这本书写的是产业，希望大家能站在更高维度上看待产业、理解商业，发现更多的商业机会，我的书用了蓝色封面，寓意着"产业之蓝"，希望大家能够找到未来的蓝海，获得更多的机会。

《高维增长2》是我服务数千家企业，以及我自身经营一亿中流的过程中，我认为至关重要的52条企业经营的基本法则。我把它看作"经营之金"，希望读者用这些经营法则，在发现的产业蓝海中，经营出一家有价值的企业。

在我看来，每条法则像黄金般珍贵。因为每条法则背后，都是大量的商业实战、成功与教训的真实总结，都不是随随便便的空谈。这些黄金般的法则，是我们经营过程中实实在在需要掌握的。

为什么是52条？开始时，我总结了足足100条，在我的朋友圈也有过预告。但多未必精，真正的金条应该是每一条都引人深思、意义深远的。52条，暗合了一年365天的52周，希望读者们能养成一个习惯，不是简单地阅读，而是每周都能深度解读1条金句，一年后，你应该对经营的理解上升到一个全新的高度。所以，这本书历经了不断的删减、合并……想把书写厚难，想把书从厚再写薄更难……最终把我最想和大家分享的最重要的52条留了下来。

这本书，贯穿了我的2023年，这一年我异常忙碌，越来越多的企业家加入一亿中流，我根本拿不出大块的时间用于写作。所以，只有利用飞机上、高铁上、夜深时的安静时间，从牙缝里挤出时间，静下来将心中的这些心得，逐字而成。书写得很慢，每小时最多也就沉淀1000多字，不断地反复删减和修改，我实在是"不高产"的作者。有几次，在飞机上竟然还碰到了粉丝，他们过来亲切地打招呼，就看到我在"死磕"这本书。

其实，写书的时候，周边的世界仿佛都安静了下来。虽然艰苦，但也是我的幸福时刻。

本书分为四篇，如同一年的4个季节，每篇都有13条黄金法则。

分别对应着经营之道、经营之法、经营之术和经营之心。

道：探讨的是商业的终极原则问题，是经营企业的方向性问题，例如"选择难而正确的事""先经营，后管理""打开边界""物极必反"等。道不解决具体问题，但对道的理解，影响了一家企业的根本方向。

法：探讨的是在经营过程中的重要规律，掌握了这些规律，可以应对很多不同的情况，对我们抓住经营的实质至关重要。例如"选择要自上而下""战略的主次先后""一张蓝图绘到底"，这些重要的规律，是我经常和同学们谈战略时提到的关键。

术：探讨的是经营的具体方法，在企业经营中，各式各样的方法五花八门。但书中的方法，是我在经营和管理企业的过程中，我认为最重要的方法，这些方法的使用频次高，且使用价值大，掌握得好，往往在企业经营中起到"四两拨千斤"的作用。例如"草种三遍""出场方式""底线思维"等。

序言

心：探讨的是一个商者经营企业的发心，以及如何正确地看待自我成长的问题。我们为什么经营一家企业？经营者对这个问题的理解在一定程度上决定了一家企业的生命周期；面对纷繁复杂的商业世界，我们树立何种商业价值观？我想把我的价值观分享给各位读者，期待与你共鸣。

经营是由一条条的"术"构成的，这是企业经营的基础；术的上层，是法，找到解决问题的规律，术才能发挥更大的作用；法的上层，是道，是判断大是大非的天条，有了对原则的判断，法才有了根基。而道法术的原点，却是心，心不正，道法术都是泡沫；心正，根基则稳。

期待各位读者能够享受这本书的点点滴滴。

期待这本书中的金条，能够在你的商业人生中创造价值，成为你的经营宝典。

更期待我们相遇时，可以用这本书中的金句，展开一场美妙的对话。

最后，再次感谢所有陪伴一亿中流成长的参与者、企业家、各行各业的朋友们……无论年龄、无论职业，我们与大家同样依旧在生长，我们与各位同样是伟大时代的见证者、参与者、创造者！

TIPS：《高维增长》是"产业之蓝"，《高维增长2》是"经营之金"，那么，我们共同留有一个期待，《高维增长3》应该是什么主题，什么颜色呢？

CONTENTS
—— 目录

经营之道

势比人强，顺势而为　　002

长坡厚雪，难而正确　　007

结构效率大于运营效率　　014

先经营，后管理　　019

不增百病生，增长治百病　　023

升维思考，降维行动；在上一层寻找答案　　028

大目标驱动大能量　　032

人性"嫌贫爱富"，商业"追涨杀跌"　　036

边界感，人要打开边界才有机会　　041

人越专业越有限，企业越大越无限　　048

物极必反，成长有尽头；否极泰来，整合非终点　　053

里子和面子　　060

大江大河，小溪小流　　065

经营之法

产业唯永恒，赛道有生死	072
一条赛道一个圈子，换赛道就是换圈子	077
做升级而非做降级	082
选择要自上而下，上层决定下层命运	088
战略需要"主次先后"	093
"战略+组织"能力大于1，融资扩张；小于1，缩编重塑	099
世界不均匀，空间有机会	103
以终为始，一张蓝图绘到底	109
做大事要有"穷人思维"，好事众人推	114
"造币机"与"发币权"	119
企业价值的根基：稳定性+增长性	125
产融互动：产是70，融是30	130
体量决定分量，规模决定位势	135

经营之术

机会取舍的4个关键	142
企业增速高于行业增速两倍	147
点力量，生万物	151
技术创新让产业换代，模式创新让产业迭代	156
轻的升级面是重，重的升级面是轻	161
80%的标准化+20%的个性化	165
单点专业链条化，链条单点专业化	169
联合，做增量，不动存量	174
在上升期把动作做满	180
造势，不发声便永远没有声音	185
草种三遍，方能生存	191
出场方式	196
设置底线，不死长生	201

经营之心

做企业是一种人生选择	208
赋正能、注清流	212
知行合一	217
透过现象看事实，透过事实看逻辑	221
领导者角色的转变	225
年轻人的成长轨迹	231
苦练自身vs向上社交	236
小错不断，大错不犯	241
"反特质"，优秀企业家的共同点	245
强者与弱者的区别，从"本我"到"超我"	249
寻找内心持续向上的动力	253
读"大部头著作"，学"系统化思维"	258
攻守道，进退时	263

经营之道

高维增长

01

势比人强,顺势而为

认知

"40岁做小米之前,我至少悟透了成功的关键。我觉得聪明的人、勤奋的人,这个世界上多了去了,这是成功的前置条件。有这些不保证你成功,真正重要的是顺势而为,你要找到那个台风口。"

——雷军

一亿中流的选择，就是顺势而为的选择。2015年我创业时，曾聚焦企业服务产业中的"双创"赛道，结果陷入人生低谷。一群聪明人，做了一个逆势费力的事业。2017年，同样的团队，同样的服务，我们聚焦腰部企业（亿元级企业）的重度服务，才有了今天的一亿中流集团。随着中国商业的发展，企业的竞争越来越趋向于腰部和头部，对于普通创业者来说，进入的门槛、成功的概率，都在降低，聚焦腰部企业的服务市场，这是企业服务产业的"大势"。顺势者起，逆势者落。

事实上，绝大多数企业家的成功，会被归因为企业家的聪明才智、努力精进。但仔细想想，这个世界上有多少聪明人、奋斗者，为什么同等付出，人生境地却天上地下。实际上，决定一件事情能否大成，最重要的是这件事情是否符合大的商业趋势。许多企业家做到一定规模，淘到了第一桶金，但现在的生意越来越难做，关键原因是背后的势变了。曾经因为某一个趋势乘势而起，而如今，势去别的地方了。要想改变现状，要做的不是更努力，而是在所在的产业去发现、切换到新的上升趋势中。

20年前，某知名果汁品牌如日中天，于2009年香港上市，立于产业塔尖之上，无人出其左右，巅峰时刻，其占全中国市场份额的1/4，账面几十亿元资金独霸武林。但仅隔10余年，该企业兵败如山倒，最终破产。这个企业做了所有方向的努力，包括更大的果园种植、更强的供应链及先进制造、更多更丰富的产品线、更深的营销网络，然而，无济于事。归根结底，是因为他们所依赖的浓缩果汁赛道"势"不在了。随着中国人均GDP从1000美元到1万美元，NFC（非浓缩还原汁）鲜榨果汁成了所有消费者的新宠，消费者不只满足于喝果汁，更想要无添加、无防腐剂的鲜榨果汁。新的势起，老的势落，老势的所有企业皆随风飘去，而一批新企业随新势乘风而起。

你我的人生，谁没有受到背后大势的影响呢？

其实，人和人之间的差别没有那么大，很多企业间的产品也没有根本性的区别，男女老少、高矮胖瘦，真正让企业与企业间形成本质差异的，不是"人"，而是"势"。

同样两家企业，产品相同、竞争力相同，但一个在沿海发达城市，一个在内陆偏远城市，其背后的势则相差巨大！同样需要资金，沿海企业能拿到内陆企业可能数倍的银行低息资金，为什么呢？归根结底，因为10年间，沿海核心城市的房价，是内陆的数倍甚至10倍，形成了完全不同的资本价差！沿海企业获得了更大的资本杠杆，更丰厚的融资能力！这难道不是背后大势的影响吗？

国家如此，产业如此，城市如此，人生亦如此！

高手都懂得，在趋势面前，你我太渺小了。敬畏趋势，顺势而为，企业才能长青。商业成就，6分靠势，4分靠勤。

所以，作为一位企业家，你必须学会看透势、抓住势、借用势，这是企业最关键的顶层战略！

我说的顺三势——"顺全局势""顺未来势""顺周期势"讲的就是这个！

你我过去的成果和未来的成功，都需要感谢这个时代带给你我

的"势"。（见图1）

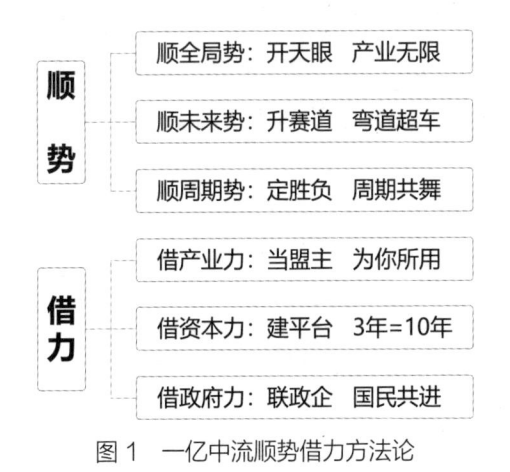

```
顺势 ┬─ 顺全局势：开天眼  产业无限
     ├─ 顺未来势：升赛道  弯道超车
     └─ 顺周期势：定胜负  周期共舞

借力 ┬─ 借产业力：当盟主  为你所用
     ├─ 借资本力：建平台  3年=10年
     └─ 借政府力：联政企  国民共进
```

图1　一亿中流顺势借力方法论

真实案例

我的学生A经营一家位于江苏的精密金属结构件公司。这个结构件的应用广泛，用同样的技术，是选择做手机结构件、电脑结构件、IDC数据中心结构件，还是储能结构件呢？这看似只是个订单的选择，应该哪个赚钱做哪个。但事实上，这根本就是对趋势的选择！你看好的到底是哪个产业，哪个产业未来有爆发性发展的趋势！产业起则你起，产业衰则你衰。

站在2019年的时间窗口，手机产业出货量已到峰值，整个手机产业开始进入存量内卷期。原以手机结构件为生的A，面临着前所未有的冲击，任何的降本增效都无法抵挡产业内卷的恶性竞争。关键时刻，他选择了进入IDC机房所需的金属外壳结构件。正是看到了未来数字化大建设浪潮下，全球数据中心大建设的大趋势，数据中心大建设就需要更多IDC机房，更多的IDC机房就需要更多的金属外壳结构件。很快，A抓住了这个大势，一跃成为这个领域的全球第一！

某浙江环保纸杯学员企业，是选择给包子铺提供豆浆杯，给奶茶赛道提供果汁杯，还是给咖啡赛道提供包装？用到的能力是一样的，但是选择的赛道不同，进入的阶段不同，就构成了企业与企业的本质差别。同样是做汽车配件企业，某广东学员企业是选择燃油车赛道、电动车赛道、增程式汽车赛道，还是氢能源汽车赛道，天上地下。

深夜思考

1. 你的企业属于哪个产业？这个产业的大势如何？未来这个产业有哪些趋势性的机会？

2. 你应该如何切入正确的产业趋势中，应该如何借助这个大势发展自身？

02

长坡厚雪,难而正确

认知

"人生就像滚雪球,重要的是发现很湿的雪和很长的坡。"

——巴菲特

用今天的话说，一位企业家找到一条长长的坡，通过长期的努力，滚厚厚的雪球。但现实中，绝大多数人，其实希望找的都是短坡，滚一个又快又大的雪球。（见图2）

毕竟长坡，是个苦行僧的难活。

图2　长坡厚雪

在大部分生意人的眼中，做生意就是要"短平快"，交易路径要短、赚钱速度要快。这是中国最早期的生意之道，也是很多人至今奉行的生意法则。"短平快"当然是最好的选择，如果天下生意皆如此，那么便"天下皆商"了。但只要我们深度思考一下，时代在进步，商业在进步，到今天，不是少部分人下海，而是数千万个市场主体参与到市场中，如果还有人宣扬"短平快""一夜暴富"的生意，那我只能说，这样的做法不是傻就是坏！

中国商业已经度过了最开始的野蛮生长、粗暴发展阶段，随着懂生意的人越来越多，生意人之间的博弈导致各式各样的投机生意最终无法生存，一些所谓的"短平快"生意很快会让成百上千的人参与其中，而迅速变成万劫不复的红海。如果我们总是去追逐所谓

"短平快"生意,那么必将导致自己陷入投机主义,最终偷鸡不成蚀把米。就算侥幸投机,千辛万苦的一次投机也做不了多久,最终会在投机生涯中折戟。好走的路,大部分其实都是下坡路!

对于事业,持有投机、赌博的心态并非长期之计。相反,我认为真正的机会存在于秉持"长期主义"的态度和挑战"难而正确"的道路。

什么是长期主义?不是选一个干几年捞一票的生意,而是选一个能够干5年、10年甚至终生的事业;是要么就不干,要么就长期干好;不是指望一起步就有钱赚,而是打下足够深厚的根基,在厚厚的根基上盖高高的楼。

短期的对面就是长期;容易的对面就是困难。长期的事情,一开始往往就是困难的,因为困难,所以做的人并不多,而坚持的人就更少了。最终,人与人之间形成了对待这个问题的根本不同的态度。

用十年磨一剑的决心,用长期的毅力,用扎实的基本功,这就是在几乎所有的行业中对抗短期投机对手最终制胜的基本原则。

长期定投的成功概率比短线炒作的成功概率一定大;资产长期持有的获胜概率一定比不断转手换手的成功概率大;长期学习的结果一定比熬夜应急的收获大……打太极,前期坚持训练枯燥无味的站桩一定比上来就花拳绣腿的表演有更深的功力!

这中间的奥妙无他——时间。大家在能力等同下,时间是人与人之间强与弱的最大变量,1万小时的训练就比100小时强,虽然

100小时的效率可能更高，但是最终1万小时的深度一定更深。

今天，有太多人追求"速成"，最终，必将毁在速成。

我的一位朋友是深圳梧桐岛的创始人，在2010年就意识到房地产狂飙时代必然会导致高杠杆和高风险的结局。在市场狂热时，他选择了清醒，没有继续参加深圳的地产盛宴。虽然他是最早的市场引领者，但是选择做一个真正的长期主义作品，通过全自持，打造未来属性的生态人文产业园，不是通过短期变现而是通过长期服务运营获得最终回报。今天，这个"作品"得到了大量用户的真心认可，不追求时间效率，不追求极致的资金效率，而是看到地产的终局必定是超前的作品和强大的运营。至今，梧桐岛自持面积超过100万平方米，成为行业新标杆。

越来越多的行业出现了这样的长期主义赛手。每个行业，铁打的长期主义赛手，流水的投机主义兵。随着一轮又一轮的竞争，长期主义赛手最终成为这个行业的真正王者。

真实案例

我的学生A所在企业是某省会城市的美容业龙头。这一路走来，她对"长期主义"体会深刻。在成为我的学生之前，她总想着什么美容产品当下最时髦、最容易得到客户的青睐，且最容易变现。一直困扰她的问题是，不断有新的参与者靠一个新产品进入该行业，收割一把，虽然最后并没有做大，形成实质性竞争威胁，但很大程度上破坏了市场，造成了无序竞争。在系统学习完我的课程之后，她的思想发生了很大转变，她开始理性平静地面对看似无序的竞争。她意识到，商业竞争最终是一场长跑，只有坚持长期主义，才能最好地抗争短期投机，而不是陷入重复性的、模仿性的、无差别的竞争之中，最终弄成四不像。她明确了企业战略，目标是要成为这个城市为女性美丽持续服务的最优平台，做长期客户的经营，诚信待客，真诚经营，不是什么火做什么，什么毛利高做什么，而是坚持围绕客户的满意度和信任度，什么对客户最有帮助就寻找什么产品，打造更阳光透明的、互信持久的美业服务平台。最终，在一轮又一轮的医美韭菜收割竞争中，消费者擦亮了眼睛，她的企业获得了本地高度信任的客户基础，打造了当地的绝对第一品牌。今天，任何的投机主义进场，都难以撼动其在消费者心目中的坚实地位，最终，随着壁垒的提高，市场的投机主义者也就越来越少了。

以下这一段发言，是2015年我离开工作近10年的老东家开始奔向创业，对同事们的一次"演说"，既是告别，更是对未来的一次宣言和立志。做咨询，本质上是一个"轻"的生意，没有重资产，先付钱后干活，这是一门好生意。但是我放着这个好生意不做，而投身于一个"重而难"的事业，这就是我认为的中国企业服务市场的"长坡厚雪，难而正确"。这也是一亿中流最早的开端，放在这，与各位共勉。

共创中国好实业

刘海峰，2015年

如何将好产品做成好企业？如何帮助生意人变成企业家？中国梦需要扎实的实业沉淀，需要立志长远的企业家精神，需要有担当、成为各个领域国之栋梁的企业（企业家）。

一亿中流生长于"老东家A"的文化土壤中，十年里，深得A的精神营养。一亿中流的创立，就是致力于以前瞻的商业思维，集合资本力量、产业力量，赋能有梦想的企业家，通过共创的方式，塑造中国好实业！

然而想要打造好实业，谈何容易。这不是PPT式的严谨逻辑，更不是万千受众面前的挥斥方道，这需要一亿中流带着思想与行动，俯身向下，与企业家一同深耕细作，共同研讨、决策、解决问题，推动企业在一个个关键节点上创新与突破。在此过程中，一亿中流要担任企业的董事，资本、战略、营销、人才……只要是企业的短板，我们就要想办法一同弥补。一亿中流与企业家是背靠背的战友关系，是一同共创、一同共享增值价值的事业合伙人关系。一亿中流为每一份事业的开始，都做好了"十年磨一剑"的长线准备。

有人说，一亿中流为什么做得这么"重"？诚然，这确实是一条最难最累的路，然而这又是一条必由的路。这是智力行业的未来，是知识分子皈依"知行合一"的必然。我相信，只要我们用的心思足够深，用的功夫足够大，时间的玫瑰就会给我们最好的回馈。

这是一条朝圣路，艰辛与挑战、光荣与梦想并存。也许有一天，因为一亿中流的存在，中国有更多的好实业诞生，有更多的优秀企业家造福人民与社会。

一亿中流，希望你我一同，共筑企业价值，共筑中国价值！

深夜思考

1. 你当下的企业经营状态是短期投机状态还是长期主义状态？

2. 你的那条长长的坡在哪里？应该用何种内心与行动去践行你的长期主义？

03
结构效率大于运营效率

认知

　　我们都想把一件事搞深搞透，想要"一米宽，一千米深"，想要聚焦，这没有错，但是因时不同。曾经，在商业进化的早期，一个人选择一件事，做深做透，就可成神。但是我们要知道，商业是在不断进化的，赛手也在不断进化，今时不同往日。

结构效率大于运营效率

我相信每一位企业家都能深刻感受到，在过去30年中国创业千军万马的淘洗中，在企业运营层面已经很难区分企业家间的本质差异了。企业家的创业精神、"5+2白加黑"的投入强度、降本增效抓管理的能力、模仿学习竞争对手的速度，绞尽脑汁却难以形成本质不同的差异性竞争……这个维度的能力比拼已经到了极限。在运营效率这个层面，本质上都是在同一个维度的竞争，实在难以分出根本胜负，竞争何其惨烈。我们把这些过去式的战略方法统称为低维战略，是在运营效率层面的改进战略。

在这个维度，即使在运营层面暂时形成差距，也很快会被模仿超越，最终陷入所有人同质化竞争的困局中。这是今天如此多的企业家对未来焦虑、困扰的真正原因——发展方式高度同质化。

中国大量的企业家，亟待需要一套更高维的战略思想体系，来指导未来的关键发展。

所以，一种更高维的效率成为竞争胜负的本质——结构效率！

什么是结构效率？不是基于对运营层面的效率改善，而是基于对顶层结构的变革创新！其中，最重要的结构就是"顺三势、借三力"，以及其对应的6种能力。（见图3）

①顺全局势：开天眼，看到产业的无限可能。

第一能力：打开产业边界，发现更多机会的能力。

②顺未来势：看产业终局，解构产业终局。

第二能力：发现产业趋势与把握赛道机会的能力。

③顺周期势：学习产业七大生命周期，与周期共舞。

第三能力：把控产业周期，与周期同频共振的能力。

④借产业力：产产借力、产金借力、产技借力。

第四能力：组合产业要素，从单点做链条，从链条做生态的能力。

⑤借资本力：塑造C平台，借助C平台聚拢一切资源。

第五能力：塑造企业平台价值，容纳各方力量的能力。

⑥借政府力：借助政府财政、土地、金融、市场等力量壮大自身。

第六能力：紧跟国家大政方针，借国家之力共舞向前的能力。

第一能力 01 打开产业边界，发现更多机会的能力	第二能力 02 发现产业趋势与把握赛道机会的能力
第三能力 03 把控产业周期，与周期同频共振的能力	第四能力 04 组合产业要素，从单点做链条，从链条做生态的能力
第五能力 05 塑造企业平台价值，容纳各方力量的能力	第六能力 06 紧跟国家大政方针，借国家之力共舞向前的能力

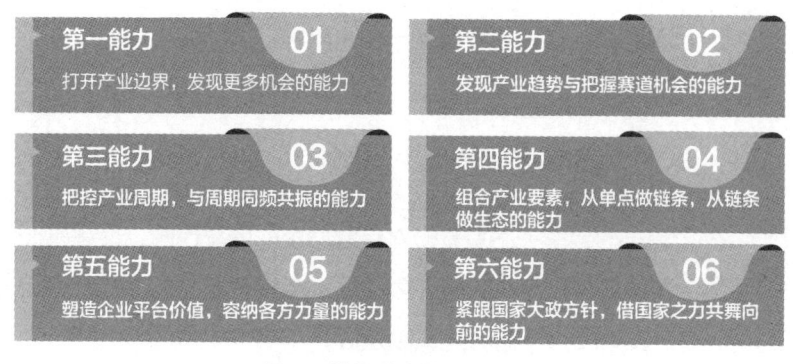

图3 结构效率的6种能力

以上这6种最重要的结构效率，就是人与人之间、企业与企业之间最根本的区别。

这样的结构效率，只要在某一项上实现人无我有，就会构成"降维"级别的竞争优势，根本性地让自己和对手处在不同维度。

国家的改革开放、国有资本的混改实验，不就是由顶层结构的调整而释放的巨大的生产力吗？

所以，当你实在卷不动，在运营层面无法突破的时候，你要意识到，在更高维度有更大的效率需要突破，这才是你扭转局面的关键！而当有竞争对手率先在结构效率层面突破的时候，你要格外警惕，这不同于之前的运营效率之争，这可能是你被降维打击的本质之争。

真实案例

某企业主B抓住了轻餐零食大爆发的浪潮，下海创立了零食集合店品牌连锁。B之前总是扎根一线，抓门店管理、营销、品牌形象、品类周转、坪效，他自诩是一位勤劳的运营老板，老实人不去搞"花里胡哨"的东西。他希望，经过自己踏踏实实的努力，用自己赚到的钱在5年时间内从10家直营店做到每年再开4家，店店赚钱，心心安安。他不图规模最大，但要把每个店做精！

但是事情并不像他想的那样发展。他的同城对手，我的学生A，在同样的市场中看到了终极的市场趋势——只有规模才有效率，才有更强的供应链优势和品牌位势。在市场成长期加速扩张，自己的能力不够就组合一批各自领域的专业高手一同合作；钱不够就打开平台引入资本；直营、托管、加盟、联营……迅速扩规模抢市场。A天天"不务正业"，在外面找资源、找人、找钱，虽然每个门店并没有达到运营效率上的最优，但是最终，在各种资源和力量的推动下，4年时间开了300家门店。论单店的坪效、成本空置、周转都拼不过B，但是规模是B的10倍，凭借规模采购优势，供应链成本一项就比B低了10%，对总利润贡献超过1倍，这是靠运营效率怎么都抠不出来的利润。而规模优势实现了超强的供应链价格优势，直接让终端门店能够降维打击竞争对手。最终，B引以为傲的18个月超高效率的单店回本模型，被A用结构效率实现了单店12个月回本周期打败了。而这一优势还在不断扩大。这个时候，B想再升一个维度，想吸引人才、资金、合作伙伴，也寸步难行了。

A的发展势能越强，就有越多的人希望成为A的结构效率，人推人，人凑人，一个人的独斗变成一群人的群打，一群人各守一方，专业互补、力量互补，A成为了全能冠军。不久，B引以为傲的运营效率在结构效率面前，优势荡然无存，被A完全降维了。

最终，在同城对决中，B退出了市场，A成了市场的绝对领导者。

其实，回到最初，A和B有根本的区别吗？能力、门店模型，其实都没有什么本质的区别，最大的区别就是，A将"三势和三力"的结构效率充分发挥，最终的顶层突破，使其一骑绝尘。

深夜思考

1. 你的产业和赛道需要的结构效率的三势和三力是什么？

2. 你应该如何在结构效率上实现突破，打破现有局面实现真正的高维发展，拉开与竞争对手的运营效率层面竞争？

04

先经营，后管理

认知

　　所有企业的管理，都是跟着经营转的，管理是为了经营效益更好、规模更大、效率更高而存在的，不可本末倒置。

我见过很多学院派创业者和草根创业但迷恋管理学的创业者，他们非常迷恋管理学的科学价值，深陷管理学无法自拔。他们看到很多大企业家都在强调管理在成功企业中的重要性，没有管理就没有企业今天的发展根基，将管理提到了至高无上的地位。这些创业者，一旦在经营上遇到了任何问题，首先想到的就是管理不行，万事均归责于管理，于是调组织，调团队，过度迷信于管理了。

我大学学习的专业是组织与人力资源管理，进入咨询公司又做了近5年的组织与人力资源咨询，而后开始从事十几年的战略及资本服务。我深知，管理对一家企业发展的重要性，但当躬身入局开始创业时，我才真正地意识到，管理是要在经营的基础上去发挥价值的。

所有管理的前提，是先让一家企业活下来，经营好，赚到钱，才有得管，才有人服管。企业家首先是经营家，要学会做事、学会赚钱，将企业经营出效益，才有管理的资格。离开了经营，管理就成了玄学。再多的制度、规则、流程和职责，如果离开了一个正常开展的经营载体，就成了没有意义的文本口号。

所以，当一些同学来找我，问我，到底是战略决定成败，还是管理决定成败时，我会说，都决定成败，但是有先有后。先战略经营，后管理细节。一家企业如果没有战略和经营，那就不要空泛地谈管理做管理。因为如果战略不对，管理就是无效动作。

一位创业者，先拼命折腾，做大企业、做大规模、做大利润，哪怕乱点儿也不怕。只要有了经营的基础，再通过管理把经营做实，再推动制度化、流程化、组织化，把业务做持续做长久。

企业出了问题，先抓战略经营，后抓管理细节，本末不可倒置。

真实案例

某企业家前几年发展不错，这几年发展遇到了瓶颈，想着要进修提升一下自己，便报了某知名学校的EMBA。一上课，发现老师课堂上讲的管理学和自己平常遇到的问题都"对上了"，自己公司的乱象，包括人的事、制度的事、流程的事、规则的事，一说一个准，都是痛点和问题，是"管理制约了发展"。相见恨晚，如获至宝，只要把管理做好了，公司就会越来越好！

回到公司后，企业家开始大谈管理学，上下学管理学，拉着经营团队学、职能部门学、一线团队学，仿佛管理学能将公司带到一个全新的高度。做了一大堆制度、流程、表单，使命、愿景、价值观上墙，折腾了一年，所有人都成了"管理高手""文化标兵"，整齐划一，公司管理要啥有啥。

但公司的业绩好像并没有什么起色。

另一家公司，公司上下"乌烟瘴气"，跑冒滴漏不断，职责交叉，管理矛盾突出，各部门间天天吵架，但公司老板一切以经营为导向，杀伐果断、赏罚分明，在市场上敢拼敢抢，公司业务整体不断突飞猛进。虽然每个人都骂娘，觉得问题越来越多，累得死去活来，但没有一个人愿意离开，因为公司一年比一年好，分红一年比一年多。

两个同行，一个姿势调整好了再起跑，一个先跑起来再调整姿势，谁对谁错？

遇到问题，企业一定要找到正确的原因。如果是战略经营问题导致的，千万不要把解决希望放在所谓管理上，否则，贻误治病良机，坏了大事。今天，很多所谓"阿米巴包治百病""品牌定位包治百病"，对企业家的问题解决思路具有极强的误导性。

在奔跑中调整姿势，人才不会倒！

在企业发展中进行管理，企业才不会乱！

先抓经营，后抓管理！

深夜思考

1. 你企业目前的经营是在向上状态吗？是战略经营的问题，还是管理细节的问题？根在哪里？

2. 你是如何理解战略经营与管理细节间的关系的？你企业有没有迷恋管理、过度管理的问题？

05

不增百病生，增长治百病

认知

"某某一退休，从岗位上下来，一下子苍老了很多。""平时天天抱怨累死了，但身体一直健健康康的，一歇下来反而生病了。"你身边有没有类似的情况？你有没有听过来人说，一定要给老人家找个事做，不图赚不赚钱，但一定要有个事惦记着、忙着、做着，不然容易得某些老年病。

其实，这就是"不增百病生，增长治百病"。

企业如人。一个不再生长、发展的企业，满身都会充满"毛病"。

老板焦虑：不增长是不是就会慢慢失去竞争力、衰败消亡？

股东焦虑：好日子到头了，以后会不会分红越来越少，要不要想办法退出？

员工焦虑：企业不发展，就没有新空间，奖金每年一样多，人员职位就这么多，谁都升不了，谁都拿不多。

合作伙伴焦虑：没有进步就是退步，重点资源不能向你倾斜了，要找"备胎"？

这些焦虑方不会和你直接说，但是会用另一种方式来表达问题：

企业机制有问题，员工职业发展设置有问题，激励有问题，合作模式有问题，供研产销有问题，流程有问题，股东决策有问题……

听不懂话外之音的老板，真以为这也是问题那也是问题，仿佛把这些问题解决好了，大家就都好了。老板开始焦头烂额，疲于解决这些问题，但问题好像永远解决不完，越解决越多，没有尽头。

本质上，这些问题的源头都是企业"没发展了"，一年不增长是企业发展节奏、战略安排问题，两年不增长是增速换挡问题，如果三年不增长，那就是整个企业的熄火问题了。

一辆车一旦熄火了，所有人就失去了前进的念想，越来越多的人想的是怎么下车，去寻找另一辆快车的事情。股东想拿回钱去投未来更有发展的项目，员工想要择良木而栖去找更有发展潜力的平台，合作伙伴想着要把资源给到更多回报的地方……

越是在这个时候，作为当家人，你越要人间清醒，所有表现出来的问题其实都是幻象，本质的问题就是企业失去了增长，"熄火"了。

"点火"是解决一切问题的关键！你要想尽一切办法，集中所有资源重启增长，重构战略，找到企业新的发展空间，给所有人新的希望，这才是解决车上所有人抱怨的根本！一招制胜！

车开起来后，吵闹声就停止了！

企业不增长，100个问题就会暴露出来；国家不增长，大家就会抱怨；个人不进步，看着哪里都是毛病。

走起来，跑起来，奔跑起来，才会药到病除，在向上的正能量中消化负能量，在发展中解决问题。

增长才能治百病！

真实案例

我的学生A管理着某生物医药企业,企业新药上市后,实现了从数千万元到数亿元的突破,利润丰厚,同时实现了企业上市。但多年的野蛮发展,在企业家心中埋下了一粒种子,即有朝一日,一定要静下来好好梳理企业。但业务每年都在倍增,业绩越来越好,市场越来越大,人马越来越多,自己每天忙于内外应付,根本无暇深抓管理,对企业越来越乱的心结越结越深。

终于,市场遇到了瓶颈,业务向上乏力了,他没有紧张反而内心暗喜,想着总算有时间好好抓抓管理了。

这一抓,天天开会,让大家说问题,共同商议解决问题。开始兴致很足,但一段时间后,他发现,问题不是越抓越少,而是越抓越多。大家不断提出更多更新的问题,越来越细,有点永无止境的味道了。而更可怕的是,有些问题貌似是无解的。这下麻烦了,发现了问题又无法解决问题,一群人天天抱怨,矛盾越来越激化。

这样,深陷管理问题一年多的时间,活活把自己逼成了一个倾听抱怨的"垃圾桶"。更可怕的是,企业形成了一种氛围——"找问题",进而演变成一种负向氛围,空耗力量。干活的人就会造成问题,不干活就没有问题,与其这样,干还不如不干。

后来A焦急地找到我,我只给了四个字的建议:"恢复增长!"

所有的心思重新回到做事搞钱上,回到经营增长上。在企业内部,要明确一种文化——发展就会遇到问题和混乱。但所有的问题都会因为发展迎刃而解、不攻自破。空谈抱怨误国!实干发展兴邦!

A恍然大悟，这几年抓内部太狠了，精力全用在内部较劲上了。真正应该做的是，集中所有力量，重新寻找发展突破口，重回增长轨道，用发展来解决所有问题。不多久，A重新规划了企业的发展战略，明确了未来3~5年的新药上市计划及新市场扩展计划，配置了足够的资源，明确了所有人的核心目标，并召开了企业增长誓师大会。企业之前的抱怨杂乱消失了，所有人一门心思搞业绩，哪有闲工夫抱怨呢？

> **深夜思考**
>
> 1. 你企业的问题是增长带来的"健康问题"，还是没有增长而产生的"消耗问题"？如何用增长去解决问题？
>
> 2. 要客观对待问题，问题是解决不完的，只有死掉的企业没有问题。只要发展，就会制造新的问题，正视问题解决问题，万不可"因噎废食"！

06

升维思考，降维行动；在上一层寻找答案

认知

在企业里，战略决定经营模式，经营模式决定组织方式，组织方式决定人员配置，人员配置决定执行效率，效率决定效益，效益决定文化，文化决定长久生命力。

战略方向错误，再好的经营模式也没有用武之地；

经营模式不行，再精细的组织方式也没有价值；

组织方式不行，再好的人也释放不出潜力；

人的潜力释放不出来，企业就没有执行效率；

执行效率不行，就拿不下市场实现不了效益；

企业没有效益，文化就是空谈；

企业文化基因被破坏了，长期的可持续发展就会遇到挑战。

以上这一切决定了企业的资本价值。

企业家要学会"向上归因"，如果就问题解决问题，很可能会因为没有发现问题的实质，而解错了问题。

例如，你认为组织方式一直有问题，今天做区域制管理，明天做职能制管理，后天又变成了矩阵制管理，每一种都不顺，问题都很大，那么你就要小心，问题很可能不是在组织方式上，而是在上一层的经营模式上。

经营模式的问题，导致任何一种组织方式都无法实现组织目标。

再例如，某个岗位换了三波人都干不好。你每次都觉得选拔的人能力没有问题，但就是实现不了既定的目标和价值，那么你要反思一下，到底是你选的人有问题，还是组织方式出现了问题，导致任何人在这个岗位上都会"出事"？

所有问题的背后可能都源于上一层的问题,而头痛医头,脚痛医脚,最终会让问题更严重。所以,我们要形成一个更"宏观"的思维逻辑——遇到问题,先看看是不是上一层的问题。如果是,那么要先解决上一层的问题;如果不是,那么才解决当下问题。(见图4)

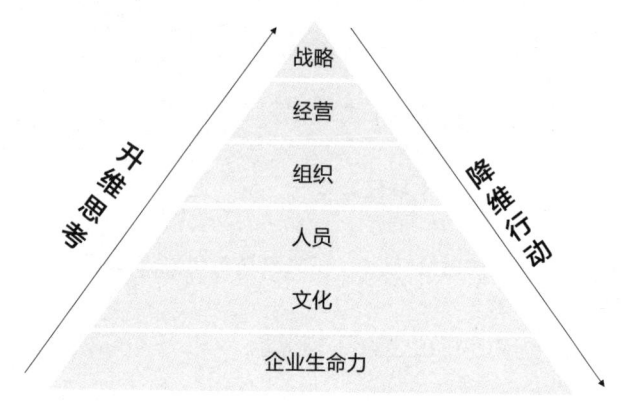

图4 升维思考,降维行动

真实案例

2010年前后,我参与过一个沿海区域多元化企业的企业文化咨询项目。这家企业在当地涉及地产、教育、贸易、酒店等多个产业,该企业老板发现因为新班子老班子融合不佳,企业上下不齐心,部门间、总部和区域间矛盾重重……企业老板希望我们进场,梳理企业的统一文化,让企业上下齐心。

因此,文化特别重要!

我们接到项目后进入企业现场,做了从高层到中层再到基层的大面积管理调研。一开始，我们的目标是解决企业老板所说的文化精神提炼问题，明确企业的使命、愿景、价值观、做事准则，让所有新人、老人"入模子"。但很快我们发现，老板口中说的那些问题，本质上是企业战略一直不清晰。企业过去的发展完全是机会导向，今天有机会做贸易，明天做了供应链金融，后天又经营一家酒店，之后又进入民办中小学和房地产……完全的机会主义，导致企业所有人的方向混乱。每一种业务对应的能力需求都不同，老人慢慢变成了万金油，加入新板块准备大干一场的新人也对业务失去了信心。这一切的问题才成了企业老板口中说的"文化问题"，但本质上，这是"战略问题"，是"老板问题"。后来，我们与企业老板进行了深度对话，将现在解决问题的方向明确为战略问题。

经过审慎的战略规划，我们明确企业的主体战略全力聚焦住宅地产，其他业务有序剥离。然后围绕着主业，企业重新进行资源调配、组织分工、团队建设，并梳理了企业文化。后来，这家企业因为明确了企业战略，自然也形成了统一的文化，上下同欲，很快成为当地知名的房地产开发企业。

深夜思考

1. 你企业当前的问题都有哪些？你认为这些问题的根源是否在上一层？

2. 你有没有通过解决上一层问题而让下一层问题迎刃而解的经历？你的启发是什么？

07. 大目标驱动大能量

认知

你想聚拢足够大的力量吗？你需要先有一个足够大的目标。

用管理经典《基业长青》一书里的话说，你需要一个"胆大包天的目标"。

每个专业能干的人都有梦想，每个投资人都希望找到10倍、100倍的大牛股，每个产业力量都希望把自己的资源给到最能够创造价值的平台上。

因此，与其说你吸引了大家，不如说你的梦想融合了大家的梦想，你能够实现一批人的梦想。

所以，一家企业的战略目标需要一个宏图伟愿。如果长期目标都不够大，不够有想象力，那么自然聚不到有大能量的能人。

很多人把短期的务实目标与长期的大愿景混为一谈，认为先明确一个务实的小目标，不吹牛不造梦，踏踏实实地走好第一步，然后再一点点地去构建梦想。

这当然是一个不错的稳扎稳打的想法，但这样的运作方式也决定了一开始你只能依赖自己，因为真正有能力、资金、资源的人，是不愿意参与你的小目标的，池塘太小，容不下大鱼。

例如，1000万元的营收目标，可能会吸引一些亲朋好友的助力；1亿元的营收目标，能够吸引许多行业伙伴的助力；10亿元的营收目标，可能就有大量专业机构、产业领导者的帮扶参与了。

当然，我要特别说的是，"胆大包天的目标"绝对不能和空泛、毫无根据的幻想相提并论。

这样的目标，必须符合几个基本事实（见表1）：

①目标市场有足够的发展空间；

②进入的赛道是符合未来趋势的；
③企业有清晰的战略和实施路径；
④企业的班底要足够扎实，能力互补。

表1　你的目标正确吗？

市场空间	赛道趋势	战略路径	自身能力	结论
√	√	√	√	正确的大目标
×	×	√	√	虚假的大目标
√	√	×	√	错误的大目标

当然，有理想，还要脚踏实地。许下了大愿，做事还需要一点一滴地积累，不能因为有一个大愿望，就认为自己已经到达了巅峰。所有的高楼大厦一开始都是从地基挖起的。挖地基的动作是艰苦而寂寞的，不会有太多的鲜花和掌声，要学会沉潜和忍耐。

所谓"心有猛虎，细嗅蔷薇"。

大目标才能推动大愿景，大愿景才能聚拢大能量。

做企业是一个"造势"的过程。目标远大，势能才大。

真实案例

某省会城市的一家房地产开发企业，一直处在单项目开发阶段，开发完一个项目再启动另一个项目，资金少，团队小，在省会城市偶尔能挤进前十。而彼时的万科，体量已经接近千亿元规模。

老板一直没能走出这个怪圈，百思不得其解。为什么同样做房地产开发，没人没钱没枪，与行业领先者差距这么大？

后来老板顿悟，在中国房地产的黄金年代，缺的不是人才、资源、钱，而是梦想！

而后，老板鼓足勇气，提出了一个10年500亿元，立志做长三角龙头的目标！在此目标的驱动感染下，老板开始登门拜访各种行业"大拿"，一批"有识之士"开始聚拢，有人提供资金方案，有人提供土地线索，有人提供专业开发班底。后来，多个知名地产公司的专业操盘人加入。该企业改头换面发展迅猛。我当时访谈一位加入该企业的行业知名职业经理人，问他为什么加入该企业时，他说：

"我们这样的人，专业上绝对有自信，我们也有野心，但是我们不是当老板的命，我们需要择良木。我们最怕老板干完一票就不干了，这是浪费我们的职业生涯，浪费青春。我们要有野心的老板，把力量匹配到位，我们的价值才能发挥到最大！"

后来，这家企业产值过千亿，一度跃升至中国房地产开发20强。

> **深夜思考**
>
> 1. 是大目标驱动大力量，而后大力量完成大目标，还是反之？你的目标具有吸引力吗？
>
> 2. 对于绝大多数人而言，并不是自带光环的出场，而是顺势而为的推动！

08

人性"嫌贫爱富"，商业"追涨杀跌"

认知

2020年的电影《你好，李焕英》大火，也带火了张小斐。无数影迷说，这么专业、这么敬业，颜值高且愿意以谐星的方式出现在大荧幕上，为大家带来欢乐，她实在是难得的宝藏女孩。这么好的演员，怎么早不火呢？随着网友们深入挖掘，张小斐的影响力呈几何级上升。有意思的事情发生了，一批顶流明星主动拉起了关系，说张小斐就是他们的同班同学，早在大学时代，她的演艺才华就已经显现，纷纷表达祝贺。

人性"嫌贫爱富",商业"追涨杀跌"

在张小斐被冷落的10年中,好像这些人并没有出现过。

我们都知道人性是嫌贫爱富的,这是人的劣根性,趋利避害,看人下菜碟。虽然我们教育孩子人人平等,但在真实的环境中却处处体现不平等。

当然,我们讨论的不是社会与人性,我们讲商业,商业更是如此,追涨杀跌。

好的企业,资源过剩。好的股票,买家过剩。

所以,企业,要像张小斐一样,"逆境向内求,顺境向外冲"。

①一定要珍惜自己的上升状态。企业要明白,所有企业都不可能做到永远上升。有起有落,螺旋上升,这就是一个非常好的状态了。因此,增长期注定是有限的,要珍惜增长的时期。

②正因为增长期有限,而大部分人是"追涨杀跌"的,所以在增长期中大量的资源会涌上门来,此时企业不要自傲,更不要拒人于千里之外。要知道,这样的好场景不可多得,风调雨顺时要囤积足够多的粮食,才能熬过漫长的寒冬。顺境时,企业家要多联盟、多聚力,把自己的战船层层加固,把自己漏雨的屋顶修缮补齐。

③企业总有发展的冬天。企业一旦陷入增长停滞甚至下滑,就要知道,潮水开始退了,之前趋之若鹜的门客势必大量都会散去,雪中送炭的人毕竟是少数。这个时候,与其求人,不如求己,多花点时间,在重构增长上。只有你重回增长通道,所有的闪光灯才会重新聚焦在你的身上。在冬天,退出闪光灯到幕后,重练内部,重

整行装，不见得是坏事。

逆境的时候，求谁都没有用，唯有夯实技术，打好根基，做好产品，让自己能够有机会向上抬头。这个时候去寻求帮助，求得越多，躲得越多，商业是"杀跌"的、"避害"的。出了问题，有了困难，更多的人想的是如何避开，如何撤退，而不是一起坚守。

所以，理性的企业家会客观地看待所有的涨与跌，顺不猖狂，逆不抱怨，不以物喜，不以己悲，心平气和，用更从容淡定的方式穿透涨跌。

真实案例

我的一位企业家朋友管理某国内领先的生物制药高科技企业。该企业重点是攻克某医药技术，有望获国家一类创新药。随着研发的进展，临床三期及药批文临近，资本情绪不断高涨，对新药面世后可能的巨大市场空间充满期待。无数资本机构伸出橄榄枝，10亿元、20亿元、40亿元……资方报价估值不断上涨。当然，中间不乏不少凑热闹的报价者和投资人，而此时企业家心智已乱，在各式各样的花言巧语中忘记了曾经艰难研发时的苦难，幻想着未来数百亿元的春秋大梦，认为这个时候给谁股份都是"便宜他"，与谁合作都是"看得起他"。这样的心态自上而下地蔓延，整个企业都在一种"迷之自信"的氛围中。最终他拒绝了所有人，他想等到他的最完美时刻。

不久，新药如期研发成功，但并没有引发市场更大的热情，反而市场多了几分质疑，因为所有人都在等待他的市场表现，等着靴子落地。结果让所有人大跌眼镜，划时代的产品想进入中国各大医院、医疗体系，艰难程度超乎想象，与在实验室里搞研发完全是两码事。好产品要规模化，无异于再造企业。就这样，雷声大雨点小，首年业务极其惨淡，营收不到千万元，第二年企业铆足劲，也不过两千万元。企业一下陷入窘境，要建庞大的销售渠道需要钱，要建自有工厂需要钱，反观兜中空空如也，而资本方、市场方却出奇一致地冷落他。为何？不及预期！几千万元的营收怎么可能估值数十亿元？这么难卖的产品我也不想卖……负面信息越来越多，企业家四处碰壁……曾经的热脸相迎，如今闭门不见。病急乱投医，整个节奏全被打乱了，原有的资方甚至开始用脚投票，企业家压力越来越大。

后来，在我们的帮助下，企业重新确定战略节奏，重新管理市场对企业的预期，高位投资的该补偿股份就补偿，同时回到安全线后该引入产业力量的就引入，重构内外部所有相关方的力量，企业最终重新回归到上升状态。

现在，每当他和我聊起这段过往时，他最大的反思就是"商业有周期，企业家心要稳"。

> **深夜思考**
>
> 1. 你有没有这样"追涨杀跌"的经历？过度看好一件事，或过度看衰一件事？过度自信或自惭形秽？
>
> 2. 如何做到顺时不狂喜，逆势不慌张？锻炼稳定的心性，才能掌控企业的大船！

09

边界感，人要打开边界才有机会

认知

　　我经常和同学们讲，无论是一个人还是一家企业，都要打开边界，才能有更大的生存增长空间。路不能越走越窄，路应该越走越宽，可走的路多了，才有得选。战略是诸多道路中的选择，而不是无路可走的接受。

企业的领头羊是打江山的人而非守江山的人,领导者要不断地开辟新的战场,才能让企业有更多的生存和发展机会。我们要知道,没有哪个市场是永恒的,是可以一辈子高枕无忧的。所有的产业和赛道都有生命周期,一切都在迭代和升级。所以,一旦你有了守住饭碗的心态,那么离最终的衰败——碗中无米,也就是时间问题了。

一家企业永远要"吃着碗里的,看着锅里的"。

一家企业的产业布局应该有三大边界:

①从产品出发,你会面对ABCGPS(见图5)六大可能的产业战场,这点在《高维增长》中有很清晰的阐述。

To **A**gent（社交/社群/多层分销）

To **B**usiness（民企/国企；大企/小企）

To **C**ustomer（幼青中老；贫/中/富；1线/234线）

To **G**overnment（政府/中央/地方政府）

To **P**artner（同行/上下游/跨界/人才）

To **S**hareholder（战略型/财务型/业务型）

图 5　从产品出发

②从客户出发,你有机会通过横向(上下游)、纵向(同一场景更多产品)、斜向(异业合作)三个方向延伸自身的业务。(见图6)

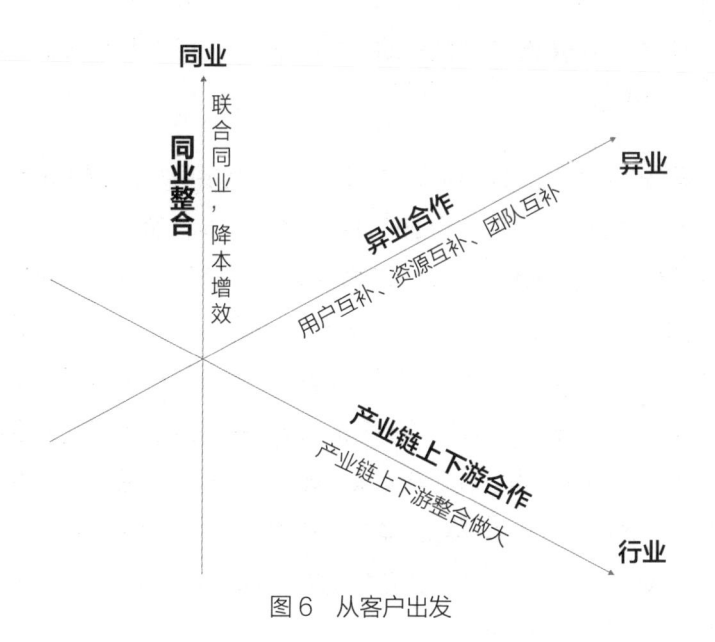

```
              同业
               ↑
         联│   │
         合│同 │        异业
         同│业 │      ↗
         业│整 │   异业合作
         ，│合 │ ↗
         降│   │用户互补、资源互补、团队互补
         本│   │
         增│   │
         效│   │
  ────────┼───┼──────────────→
               │↘产业链上下游合作
               │  ↘产业链上下游整合做大
               │      ↘
               │         行业
```

图6　从客户出发

③从能力出发，你要知道自己过去的经营到底形成了何种核心能力，而这种能力还能用在哪些地方。（见图7）

自身能力	能力解释
人才	创始人团队及核心团队组织模式
资金	融资能力或调动资金能力
技术	稀缺技术占有
资源	产业及人脉

图7　从能力出发

每一家企业起码有10个可能的边界。当然，我们并不是要发散多元，而是要不断地在这些边界中寻找真正有价值的产业，不断地寻找新的突破口，获得更大的增长空间。

总之，你不能守在原地不动。永远布局下一个战场是每一位企业家的尽责追求。

早先的阿里巴巴B2B网站与慧聪网，是几乎同时起步的两家2B化互联网企业，但是两家企业后续的发展却大相径庭。阿里巴巴仅母体平台就高达2万亿元市值，而慧聪网却慢慢淡出了大众视野。归其原因，不得不佩服阿里巴巴不断突破边界、布局下一个战场的能力之卓越。当2B市场竞争正酣时，阿里巴巴开辟了B2C领域的淘宝网；当2C市场激战内卷时，阿里巴巴以最快的速度开辟了蚂蚁金服互联网金融领域；当互联网金融领域如日中天时，阿里巴巴又进入了云计算这个未来的数字化大蓝海。不得不说，阿里巴巴的每一次边界拓展，不但使上一阶段的业务优势得到巩固和加强，更为企业创造了更大的战场和平台。

一家企业不光要看到更多的边界，看到更多的可能，还要在业务架构上实现更多的布局。

一家企业的经营布局起码应该有三种形态，即三级火箭：

①一级火箭为当下的核心业务：支撑一家企业基本面的核心业务、核心客户、核心能力。

②二级火箭为中期的突破业务：基于当下的核心业务、客户和能力，与未来趋势、他人的能力相组合，成为下一阶段发展扩张的二级增长火箭。

③三级火箭为孵化的业务：基于当下的核心资源土壤，能够提前种下什么样的种子？用轻资产的方式、借力的方式如何培育出更

有未来潜力的业务？

一亿中流的基本业务模型如下：一级火箭是商学院板块和加速器板块，我们称为企服加速器业务。二级火箭是基于一级火箭服务好企业家、聚拢好企业家、拥有足够大的产业资源这种核心能力，开始培育一亿中流的产业投资和产业总部建设，成为优秀企业的第一个外部股东和持续赋能者，帮助优秀企业家有恒产有恒心，建设自身的总部。而放眼未来，数字化、科技化是未来10年的大势所趋，基于一亿中流之前的业务土壤与能力根基，一亿中流开始孵化一亿数科等未来型业务，期待在五年后，能够在数字化、科技化领域里有更多建树，这便是一亿中流的三级火箭。（见图8）

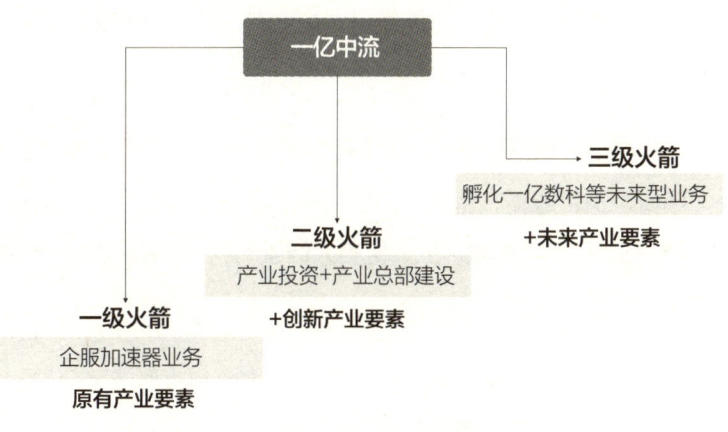

图8 一亿中流三级火箭图

当然，我要特别提醒的是，边界感不仅会教会企业家在更多的产业、赛道中发现更多机会，实现企业持续的增长，而且企业家不能犯多元主义的错误，大而散的错误。在一个阶段中，企业家要先聚焦做什么、下一个阶段再发力做什么，不能因为看到太多机会而失去战略重心,也不能只看到眼前而最终无路可走。这考验着企业家关键的边界感能力。

真实案例

大家可能都知道我控股了一家母婴看护企业A,并用"顺三势、借三力"的方法论,实现了它在五年内成为华东龙头的增长结果。但是大家可能不知道的是,从进入这个行业的第一天起,我就给这家企业画了一张不一样的边界图。

从产品出发,A提供的是母婴看护服务,这是所有人都能看到的产业。

但是从客户出发,在客户离开月子中心后,妈妈需要持续的身体修复、美容康体,宝宝还需要早托、育儿的持续服务。这意味着,A还触达了产后修复产业、医美大健康产业、婴幼儿早教产业等边界。

再延伸,如果从能力出发,经营月子中心到底形成了何种能力呢?仔细研究后发现,其实形成了一种标准化的专业看护能力。那么这种能力是否能应用到类似于老年人的康养产业呢?所以,A还触达了康养产业的边界。

有边界感的人和没有边界感的人一开始经营一家企业的逻辑就不同。

没有边界感的人，永远只在琢磨一家月子中心应该如何做好，如何在这一口井中打出更多的水。

而有边界感的人，除了要将一口井的水打好，还要看到隔壁的几口井，当第一口井打到一半后，已经开始准备开挖第二口井了。

而井与井连成一体，就能成为一座城，筑起更强的竞争壁垒。

深夜思考

1. 你的产业边界和业务边界在什么地方？从中你还能看到哪些更大的、未来的机会？

2. 你当下的业务还有多大的空间？何时开启你的二级、三级火箭？进入新的战场，你需要做何种准备？

10

人越专业越有限，企业越大越无限

认知

　　一个人越专业就要越意识到自己的有限性，越要意识到自己的"无能"。

什么意思？

大部分创业者都是"强人"出身，至少掌握着一种或多种能力，突出于常人。在做事风格上，大部分创业者也都会雷厉风行，说干就干，因为好赖最终都是自己的，也就养成了果断、强势的工作作风。大部分创始人在企业里都是说一不二的"一言堂"。

长期如此，很多企业家就形成了一种自我认识，在一家企业中，"我最强，我最懂，我最能"。当然，在一家企业中，这样的风格倒无可厚非。强人企业家从来都是商业中的关键要素。如果没有这种天不怕地不怕的劲，不会勇敢地创业，而只是当一只温吞吞的小绵羊，万事纠结，没有主见，那么在激烈的市场竞争中就很难拿到结果。

但是，如果这样的认识放在企业战略层面，就会成为巨大的思维障碍。

许多企业家会将这样的思维理解为，"我什么都强，我什么都懂，我什么都能"。这就是我们所说的，创始人让企业面临着关键的瓶颈——能力瓶颈。

一家擅长线下服务的企业，本质上不懂线上的运作思维；

一家擅长品牌设计和推广的企业，对制造缺乏基本的敬畏；

一家出海外贸B2B的企业，对国内市场的消费者B2C缺乏认知；

一家擅长营销讲故事的企业可能在产品交付上就是天然短板；

一家擅长商业模式的企业可能在产品科技上就一无所知。

反之亦然！

作为企业家，你在某个领域里变得越专业，越要意识到，你在其他领域中就会变得相对越来越弱。就像长板理论一样，当你的长板越长的时候，你的其他板就会相对更短。所以，外部的市场能力对比不能和内部的企业能力对比相提并论。

一位企业家认为所有事都是企业最强。这种现象只可能存在于企业内部，而放之市场，这很有可能只是"矮子里拔大个"而已。

所以，你要意识到，人是"有限"的。想要在市场中做出更升级、更突破的战略成效，企业就必须借助各个领域中更强的力量，而不是目中无人、看不起、瞧不上的盲目自大。

今天中国的商业战场对企业的要求是"无限的"，消费者、客户对企业的要求是全知全能。长板理论已经不适合今天中国的商业战场，客户对企业的要求必须不断逼近完美和全能，否则就会被更好的企业超越。企业既要产品好，还要推广好；既要产品领先，还要模式领先；既要线下好，又要线上好；既要国内好，还要海外好。消费者不断提出"既要、又要、还要、全要"的要求，就是让企业"无限的过程"。

人是"有限的"，而企业是"无限的"，在有限与无限的冲突中间就产生了借力的价值。企业家需要不断地发现新力量，引入新力量，学会与强者互补、与别人的长板互补，相互融合，共同进化。只有意识到自己是"有限"的，企业最终才会开放胸怀，广泛借力,变得"无限"。

真实案例

"我智商不高,但我把智商非常高的人都请到了阿里巴巴。我不懂财务,但我把财务最好的人请来;我不懂技术,就把技术最好的人请来……用我们的情商把大家团结在一起。"马云一直在践行拓展阿里巴巴的边界,从阿里巴巴B2B平台到B2C淘宝平台,到支付宝金融服务平台,再到阿里云计算、菜鸟物流等各大平台,马云请来了蔡崇信,其超高的财务技巧让阿里巴巴不断获得巨量资金;关明生,其超高的运营能力奠定了阿里铁军的基本文化;王坚,其疯子般的技术奠定了阿里云的技术突围……每一次突破边界的过程,都是马云组合各类专业力量的过程。一个人再强,也就24小时和一个脑袋,无法突破物理极限的边界,但如果一个人觉察到自身的有限边界后,就会开启全新的无限过程。

2017年,在运作母婴看护企业A的时候,虽然我擅长看到产业和赛道的机会,并且有清晰的战略思维和资本运作能力,但是,我对这个行业所需要的专业能力"一无所知",不懂母婴看护专业,没有连锁运营经验,更没有足够的财务资金,也没有市场资源……当然,这些事,我都可以边学边做。实际上,我们一定要认识到自身的有限性。我们用10%的时间和精力,能够获得这个领域里最强的能力吗?只是看看SOP(标准作业流程)就会比别人10年的母婴看护管理能力更强吗?只是上几节连锁的课程就能够比拥有数十年连锁实操经验的老师厉害吗？与其自己学个半桶水，不如直接借一桶水。我们更应该思考的是，如何将这些优势力量聚拢起来，发挥1+1+1远大于3的效力。这才是能够解决问题、获得长期竞争优势的关键。

深夜思考

1. 你最核心的专业能力是什么？你需要的无限性包含哪些方面？

2. 如何通过组合互补来弥补你的关键短板，进而实现企业的"无限"成长？

11

物极必反,成长有尽头;
否极泰来,整合非终点

认知

好日子与坏日子,是所有产业的硬币两面。

商业是一场供需间的角逐。熟读《高维增长》的同学肯定对七段周期记忆犹新。所有的产业和赛道都会经历起步期、成长期、成熟期、整合期、涅槃期、收获期、变革期，这是所有企业进入所选择的产业赛道时绕不开的周期。

在七段周期中，哪个阶段这个市场的参与者最多呢？

答案是成长期，特别是成长期后半期，这个阶段进入的参与者是最多的。为什么？因为所有的新事物，所有的赚钱生意，都是先由少部分人先知先觉的布局开始的，因此，新事物的开始，并没有太多人参与。但随着产业的健康发展，商业模式逐渐成熟，市场规模开始扩大，越来越多的人就发现了这个市场。赚钱的门道一传十，十传百，百传千，影响力越来越大。人人皆知，人人为梦想之城疯狂，都在谈论着远方的金矿，于是最终千传万，海量的参与者开始"无脑进场"，而这个行业就陷入彻底的产能过剩的疯狂状态中了。

人人都期待着淘到金，但真相是，金子并没有那么多，但淘金者太多了。

这是一种群体性的兴奋狂欢，有点儿像演唱会的数万观众，有点儿像一惊而起的乌压压的鸟群，有点儿像资本市场中已经按"市梦率"炒上天的"妖股"。这个时候，人已经失去了理性的思考能力，蹦就是了，飞就是了，进就是了。

仿佛这个市场没有天花板，所有人都可以拿到红利。2022年爆火的动力电池、短视频，无论是机构还是个人，一拥而上，都是如此。

物极必反，成长有尽头；否极泰来，整合非终点

所有的好日子，当众人狂热时，就是牢笼掉下的开始。物极必反，所有市场的成长皆有尽头。这个时候的真正老手，反而在市场狂热之时无比冷静。当无数人跑步进场时，他开始有序地放缓脚步，在太阳最大、粮食丰收的秋季开始准备过冬，因为他知道，今天有多狂热，未来就有多寒冷。一旦行业严重过剩，就是狼多肉少、彼此厮杀的开始。想要活到最后，就要留有足够的弹药。不艳羡最后的盛宴，不去吃最后一口鱼饵，是物极必反之道的智慧。

商业不止有狂欢的好日子，更有漫长煎熬的坏日子，所有的行业都有寒冬期，即七段周期中的整合期，而且往往冬天并不短暂。

如同硬币的两面，产业赛道之前有多么狂热，之后就会有多么寒冷。如同股市，牛市有多么波澜壮阔，熊市就有多么煎熬漫长。但是进入整合期的企业，在困顿很久之后，原有的创业动力、发展动力被持续消磨和摧残，长久体验不到增长的快感，长久体验不到躺着赚钱的幸福……越来越累、越来越卷。许多人在1年、3年或5年后，慢慢对行业失去了信心，没了心力，选择放弃，而大部分人的放弃时点往往就在黎明前。

整合期的终点就是所有人的绝望时刻。整合期之所以成为寒冬，是因为僧多粥少。但是理性的企业家比谁都清楚，坏的不是这个行业，而是参与的人太多，造成了行业的过剩。所以，本质上，在让绝大多数人出局的时候，才能看到增长的行业曙光。所以，坏，可能还需要更坏，当坏到了极致时，就会把足够多的人逼走，实现最终的有限供给，实现最终的剩者为王。但可悲的是，往往至暗时刻会将意志最坚定的人击垮；往往在股价跌跌不休毫无希望

时，散户会将筹码交出。因此，最终只有少数人享受胜利的盛宴。

否极泰来，度过整合期，就是曙光的涅槃期。

所以，商业就是一场"人性之战"。如果我们在关键时点不能够"反人性"，那么最终就会沦为命运的玩具，被命运捉弄。

不狂热，不悲观，是我信奉的经营哲学。（见图9）

物极必反，成长有尽头；否极泰来，整合非终点

起步期	成长期	成熟期	整合期	遭遇期	收获期	变革期
行业萌芽 少数企业开始介入 大部分企业观望	市场需求快速增长 大量企业进入 抢占空白市场	行业趋于饱和 市场阻力加大 盈利能力下降	市场饱和 行业产能过剩 利润率下降	市场饱和 2/8分化 巅峰对决	市场出清 战争停止 寡头利润上升	新升级出现 蚕食VS竞争
发展大忌 教育消费者 盲目扩张 未建标杆	发展大忌 止步变现 拒绝合作 打磨产品 挑选客户	发展大忌 末端扩张 粮草不足	发展大忌 孤立竞争 拒绝团结	发展大忌 前夜倒下 盲目混战	发展大忌 既得利益 停止进步	发展大忌 忽视新周期 拒杀新力量
蓄势	蒙眼狂奔	夯实基础	兼并重组	巅峰对决	利润收获	谋局未来

产业规模　　　　　　　　　　　　　　　　　　　　　　　　　周期进化

图 9　一亿中流七段周期论

057

真实案例

201×年，某家数百亿元市值的上市公司董事长A托朋友找到我，咨询战略和资本运作问题。

那时这家公司看似春风得意，实则暗流涌动。公司主营磷酸铁锂电池，产能号称中国最大，但是布局过早，新能源汽车的市场还没有真正开始，大部分消费者并不买单，新能源汽车依然依赖着国家的购车补贴艰难前行，而最终庞大的电池产能无法消化，积重难返最终拖垮了这家上市公司。那个时候的宁德时代，同样拥有着领先的电池技术，但是克制产能投放的欲望，一直在等待市场信号。几年后，新能源电动车市场解决了最终的应用端（续航里程等）等问题，开始真正爆发，宁德时代抓住趋势，依赖核心技术以最快速度增扩产能，一举成为"宁王"，电池在市场上供不应求，市值一路飙升，利润屡创新高。

一时间，电池成了金疙瘩，新能源汽车的未来想象空间刺激着所有产业中的豪杰纷纷入场，更有大量地方政府不惜重金招商引资。浙江某县级市政府，为吸引某上市公司将新增产能落户本地，投资百亿元帮助公司修建厂房购买设备，而这只是该公司产能扩张的冰山一角。

一时间，全民疯狂。我的私董会学生B，某上市公司董事长，在加入私董会前，准备定增数亿元投产电池产线，并借力政府土地支持大搞工业地产……

后来，在我们的理性分析下，强烈建议B停止这个庞大的投资计划。现在全国在建的产能已经无比夸张，虽然市场目前仍在疯狂，但是物极必反，最终会陷入漫长的寒冬。最终，B听取了我们的建议，停止了这笔大额投资。今天来看，B仍心有余悸，如果当时这笔数亿元的资金砸下去，不仅会深陷不拔，更会把一个优良的上市公司拖向深渊，万劫不复。

> **深夜思考**
>
> 1. 你所在的行业或你熟知的行业遇到过癫狂时刻或至暗时刻吗？谁最终笑到最后？
>
> 2. 未来，当你面对这样的极端时刻时，你如何做，才能穿透周期？

12

里子和面子

认知

里子和面子,这是中国人特有的说法。
经营企业为什么要谈里子和面子?

里子和面子

面子和里子思想是最重要的企业经营底层逻辑之一。电影《一代宗师》里有一个片段，武林盟主宫羽田一世风风光光，在人前宅心仁厚，他是宫家的面子；而师兄丁连山（赵本山扮演）则杀人越货，一言不合就刀剑相向，帮助宫羽田扫清障碍，成了他的里子。丁连山的身手远在宫羽田之上，辈分也比宫羽田高，却甘愿藏在幕后做师弟的影子，用他的话来讲就是，"人活一世，有人活成了面子，有人活成了里子，全是事实"。这个片段我翻看了几次，特别精彩，值得不断回味。简简单单一句话却暗含了中国人无数的智慧。

一家企业又何尝不是如此呢？

一家企业的核心团队，有人要做面子，在外塑造影响，塑造正向的形象，谈理想、谈思想、谈方向、谈态度、谈合作，甚至谈情怀。但一家企业不能都是做面子的人，否则就会高高在上无法落地，最终成了假大空。必须有人活成里子，谈目标、谈绩效、谈业务、抠成本，做的就是所谓的"鸡毛蒜皮成本增效"。有人放，就得有人收，有人谈面子，就得有人挣里子，两者缺一不可。仅有里子，最后很难登到高处；但只有面子，最终高处不胜寒，也是空有其表。

里子、面子都需要，但面子、里子不能都由一个人来做。企业团队需要分工，需要各自的"人设"，需要不同的人聚焦不同的岗位和角色。如果角色没有分开，很多人就分不清楚什么时候应该讲面子、什么时候应该谈里子，对待油嘴滑舌、城府极深的人反而用了菩萨心肠，对待简单直接、真心诚意的人反而用了霹雳手段，到最后你成了坏人眼中的菩萨，好人眼中的霹雳。这不是厚黑学，这是分工之道，是知行合一。

所以在企业中，面子和里子要说好，出门面子的事谁来做，迎来送往的事谁来做，把事干成的事谁来做，看似毫厘之间，但效果差了十万八千里。

不光团队分工应该如此，整个企业的业务设置其实也是一个道理。哪些业务应该扮演面子业务，企业需要影响力，需要客户入口、品牌、流量，有些业务最大的价值就是面子，而不是实现利润最大化。有了面子业务，那么谁做里子业务呢？里子业务就是要踏踏实实地赚钱，要实现收益最大化，不能面子业务里子化，里子业务面子化，混为一谈，否则业务无法经营好。

对待客户服务更是同理。有些企业的产品很棒，但用户总是不满意；有些企业服务很用心，但客户老板一直就没给好脸色。问题往往也出在面子、里子上。就算服务的"里子"再好，"面子"不给足，还是差了味道；很多人自诩专业人才，把活干好即可，而不用去做那些迎来送往浪费时间的事，实则不然，最后的客户满意会差了这些味道。同理，面子给够了，对方很高兴，但你干活不行，里子不行，最终也不行。

把简单的道理琢磨透，你会无比通透。（见图10）

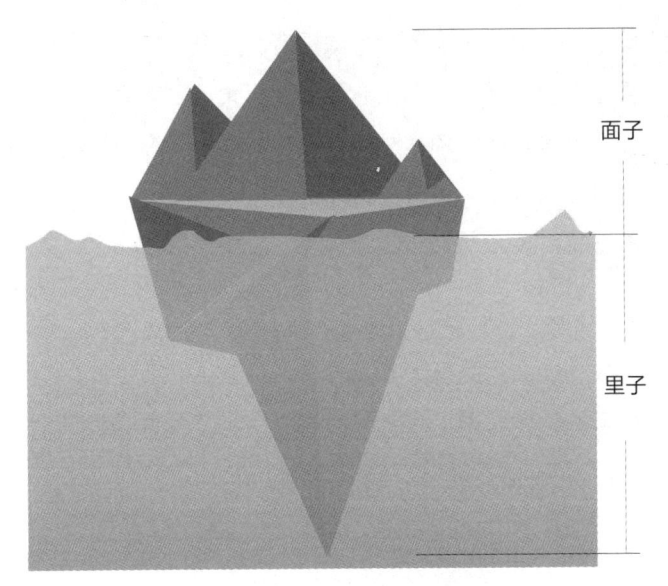

图 10　企业经营的里子和面子

真实案例

在一亿中流,有人要为公司整体方向负责,树立远大的目标、正向的形象,对外传播一亿中流"为中国企业赋正能,为商业世界注清流"的使命,引领更多的伙伴走向远方。有了更大的影响力、更大的合作面,才有公司更多展现的舞台。同时,必须有人做里子,扎扎实实做好经营,最终为每一场"战役"、每一个成果负责。

如果一个人既做面子又做里子,出现的问题就多了,将分不清楚哪些时候要面子,哪些时候谈里子。如果有企业和我说,老师你赋正能、注清流，你应该为梦想投资、为未来投资，如果人人皆用情怀做企业，我想这样的企业早就关门大吉了。菩萨心肠、霹雳手段，很多时候是两个角色。所有情怀的落地，需要我们的同事扎扎实实地做业务，稳中求进甚至锱铢必较，为整个公司的可持续发展、可持续盈利做好里子。

老板讲的是大局，团队讲的是细则和结果；老板讲的是一群兄弟要去远方，团队讲的是大家要成为一个军队，军队要有规矩，令行禁止，要有法则，做不好就要被淘汰；老板讲的是情怀，团队讲的是现实；老板讲的是面子，团队要的是里子。

好的团队是面子和里子的终极统一。

深夜思考

1. 你的企业谁做面子、谁做里子？分工清晰吗？你有没有陷入过一人扮演两角的混乱境遇？

2. 你企业的业务设置，哪些业务是面子，哪些业务是里子？

13

大江大河，小溪小流

认知

商业世界中，有大江大河的产业，也有无数小溪小流的产业。

大江大河是老百姓人人皆知的产业,如电力、石化、房地产、汽车等。这些产业的市场规模很大,能够容下"大鲸鱼",是首富盛产地,是财经媒体老百姓的饭后谈资。

这些大产业商业进化的速度非常快,因为大市场的资源足够充沛,大市场的应用空间足够巨大,大市场能够消化大投入,能够吸引大批人才,也能够用大利润来推动技术、模式的大突破。

这几年,我们看到汽车、手机、家电这些大产业的利基市场充沛,大量的先进技术、先进模式层出不穷,都广泛应用在这些产业中。

同时,这些产业又面临无比激烈残酷的竞争,高手对决,巅峰战役,大开大合,惊涛骇浪,差之毫厘,谬以千里。对于绝大数企业家而言,这些大江大河的产业是观赏型产业。

当所有人都把资源投入的聚焦点放在这些大产业的时候,其实真正可以为我们所把控的机会,反而出现在一些大江大河外的细分行业、小众的用户、大产业链中的某一个小链条、微缩的场景中。

这些地方的知名度小,市场小,受众少,环节隐蔽,往往成了大江大河旁的小溪小流,不为大多数人所知,在商业超速进化的过程中,更像一个世外桃源,维持着传统的作业方式。

这样的现象为我们提供了一个用先进产业的技术、模式,去降维改变细分产业的契机。这,就是机会。

商业世界不只是大江大河,因为大江大河是由无数条小溪小流汇集而成的，没有这些小溪小流，也无法出现这些大江大河，好比没有做门窗、做地板、做电缆、做瓷砖、做涂料的产业，也无法构成房地产开发这个10万亿元级的产业。而门窗又由五金、加工、不锈钢、铝合金、设计、施工等一系列更小的小溪小流汇集而成。这些无数的细分产业汇集成房地产开发这个大产业后，大产业又向无数的小溪小流散漫开去，例如装修、绿化、橱柜、衣柜、代理销售、清洁等。

所以，企业家更务实的目标是，用更高维的战略，去选择一条或几条小溪小流，再击穿打透，修一座小水坝。

这些年我经历过、看到过，也参与过许多大江大河中高水准、激烈的战役，如最前沿的新模式、争分夺秒的比拼、大资金的吞吐、多时空的战役等，令人心惊肉跳但也无比精彩。这就如同奥运会上全球最优秀运动员的巅峰对决，真是"大心脏"企业家的游戏，当然，关注者众多。但场景一切换，我又看到了无数小溪小流中，低水平同质竞争，节奏缓慢，思维陈旧，更像一个地方的趣味运动会，没有太多人关注。

这里我绝不是贬低小溪小流而高看大江大河，恰恰相反，在这样的时空差中，我看到了小溪小流中的巨大机会。

小溪小流中的企业家赛手，如果有人能够率先站在更高维度上，用"高级打法"去降维打击，重整改变原有的低水平竞争，那么用不着大江大河中的庞大资源、资金，只要比小溪小流中的竞争对手高上一个段位，相对优势就很容易被塑造出来。小溪小流依旧有它的精彩，百亿元的行业打造一个十亿元的企业，数百亿元的行业塑造一个数十亿元的企业，一旦在小溪小流中形成竞争优势，相对于大江大河就更容易形成长期的护城河，成为所谓的隐形冠军。

今天，中国在大江大河产业中的进化速度已经很快了，最大的机遇就是无数条小溪小流中的"高维进化"。（见图11）

图11 产业的大江大河和小溪小流

真实案例

我的私董会学生A，做海外跨境电商的报税业务，面对的就是一个服务于中国数十万跨境电商企业的细分企业服务产业，并只服务其中一个技术环节——报税，属于典型的小溪小流产业。这个细分产业鲜有人知。中国软件巨头用友、金蝶，看中的是中国成千上万家企业的大型软件系统，规模空间大，复杂度高，投入大，竞争强，市场规模达数千亿元。但海外跨境电商的报税市场只有区区数十亿元。原有的报税行业传统落后，都是靠人力一单单地算，一单单地报。但A的高维出现，彻底改变了这个小溪小流，用SaaS技术替代了传统的人力，用资本思维汇聚了高能级股东，在一个小溪小流中突然出现了一个"大家伙"，两年时间便获得近20亿元估值，融资近3亿元人民币，一举奠定了行业领导者地位。

3亿元的资金在大江大河中不算什么，连一个地产项目的土地款可能都不够，但在小溪小流中这就是压倒所有竞争对手的筹码。

在独占小溪小流后，A获得了稳定的业务基本盘，形成了强大的护城河，进而开始准备向大江大河进发……

深夜思考

1. 你选择的是大江大河产业还是小溪小流产业？实现自我的扎实突破，应该选什么样的产业？

2. 你需要顺什么样的势、借什么样的力，才能在小溪小流中"高人一等""独占鳌头"？

高维经营之法

增长

01

产业唯永恒,赛道有生死

认知

"男怕入错行"这句话深刻地影响着大多数人。

事实上，产业是没有好坏之分的，所有的产业都有它存在的基础价值。三百六十行，行行出状元。在我看来，拉长时间轴，每个产业之间差别不会太大，每个产业都有它的"七段周期"，都有它的发展基础规律。

有人说，他所在的产业发展得不好，没有赚钱的机会，其实更准确地说，在他所在的产业中，他所选的赛道正面临着巨大挑战，其业务所在的是一条落后的、终将被淘汰的赛道。

所以，我认为，企业与企业在选择上真正形成巨大差异的是对产业中不同赛道的选择。

怎么理解？

例如，一家皮椅企业想进入汽车产业，为汽车提供皮椅。这看似是一个简单的问题。但是，该企业准备选择汽车产业的哪条赛道呢？

如果是燃油车赛道，那么皮椅追求的可能是性价比标准；如果是电动车赛道，那么皮椅追求的可能是轻量化标准；如果是商用车赛道，那么追求的可能是耐磨损标准；如果是豪华轿车赛道，那么追求的可能是极致手工……不同的赛道，本身就是不同的产业链，会在不同的环节形成不同的要求。所以，到底准备选择击穿哪条赛道呢？

再例如，洗车产业，中国汽车保有量4亿辆，私家车接近一半。假设每辆车每个月洗一次，那么2亿辆车每年的洗车次数是24亿次；如果每次洗车费用是20元，那么这是个近500亿元规模的市场。

作为一个产业，汽车的存在有必然性。只要大家开车，它就是"永恒的"。

更重要的是，想要进入洗车这个产业，到底选哪条赛道呢？不同赛道之间有极大的优劣之分。赛道的选择往往就是生死的选择。有些赛道未来可能就是万丈悬崖，早晚被淘汰，而有些赛道可能是未来的大势所趋，拥有巨大机会。赛道选择有"生死"，你选哪一条？

①有传统的、在沿街商铺中开洗车房的赛道；

②有在加油站旁开设的洗车店赛道；

③有洗车、维修、改装的综合体模式赛道；

④有在地下停车场开设的洗车房赛道；

⑤有互联网路线的上门洗车赛道；

⑥有借助技术路线的无人洗车设备赛道；

……

以上这些赛道一同构成了500亿元的洗车产业。那么，赛道之争，谁优谁劣，如何选择，这就是企业的核心战略问题了。

例如，随着租金成本的不断提高，地下停车场开设的洗车房赛道相对于传统的、在沿街商铺中开洗车房的赛道，优势凸显，市场份额大幅增加。

同时，随着人力成本的大幅上升以及技术的成熟化，无人洗车房将有可能成为未来市场的主流。

新赛道冉冉升起的同时，意味着老赛道的落寞退场。

从事洗车产业的人，如果看不懂赛道，那么就有可能在这个大产业里"死掉"。（见图12）

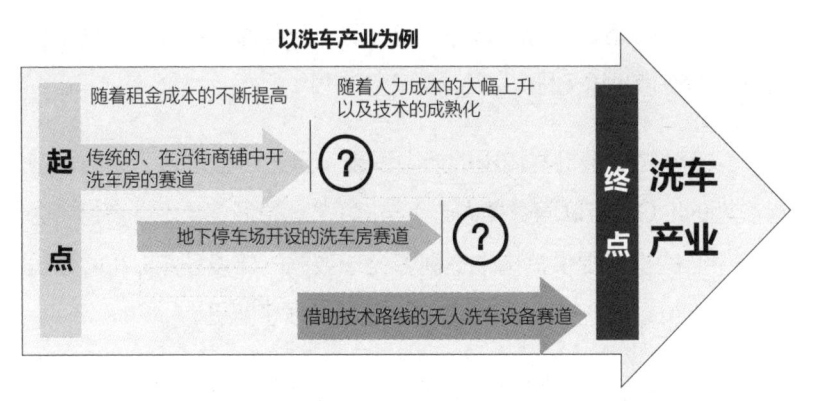

图 12 以洗车产业为例的赛道发展图

真实案例

我的私董会学生A从事的是"金属机构件"的设计制造。起初，这家公司一直服务于手机制造厂商，为他们提供手机机构件，通俗来讲，就是手机的"壳"。这家公司曾一度辉煌，占据着重要的市场份额，并获得了下游客户的好评青睐。随着中国手机制造产业的高度成熟化，大型手机制造企业需要通过上下游延伸进一步控制成本，"把一整条鱼都吃完"，导致A的服务在下游企业的产业链上下游延伸战略中"被抢占了"。

瞬间失去了最重要的大客户,对A来说是灭顶之灾。

机构件制造这个产业真的完了吗?其实并没有。机构件制造这个产业依旧有未来,只是在这个产业中手机机构件这个赛道出问题了。

后来,在我们咨询团队的帮助下,A系统地分析了机构件制造这个产业,并逐一分析了未来可能出现的新赛道,系统的梳理让他发现,新赛道机遇无限。

以A过去在手机赛道里的能力积累,迅速转型进入了当时还在起步期的IDC(互联网数据中心)与ICT(信息通信技术)赛道,为数据中心的机房提供机构件。随着全球数据的建设狂潮,IDC建设大爆发,A成了这个赛道的领先者,重新焕发了新机。

自此过后,A建立了产业和赛道的宏观思维。他深刻地意识到,一家企业要在自身产业中不断分析赛道变化的方向,提早布局,紧跟节拍。铁打的产业,流水的赛道。产业唯永恒,赛道有生死。

深夜思考

1. 你所在的产业都有哪些赛道?随着产业的进步,哪些赛道会衰落,哪些赛道会兴起?

2. 你当前布局的是哪条赛道?这条赛道能走多远?未来3~5年,你将要布局哪条赛道?

02

一条赛道一个圈子，换赛道就是换圈子

认知

　　每条赛道都是一条完整的产业链，每条产业链都有那条产业链的圈子。产业都是由一个个具体的人构成的，一个产业链的改变和进步，一定程度上，就是这个产业链企业家圈子拆散再重组的结果。

你是否还记得若干年前乌镇互联网大会上的一张合影,号称半壁江山的互联网圈大佬齐聚一桌。那不正是告诉你,他们有个大圈子吗?

但是,很多企业家的长期圈子是封闭的、陈旧的。

在这里,我们讨论的问题不是如何交朋友、处好关系,更不是让大家喜新厌旧,朋友当然是老的好。但是产业在进化、赛道在迭代,每一次产业赛道升级的过程,本质上就是一批新赛手出现,形成一个新圈子的过程。从这个角度看,圈子在不断地更新。

很多企业家却沉溺于现状,无法改变,无法走出老圈子,本质上是没有深刻认识到这个问题。

很多企业家经常愿意和一些产业链的老伙伴相聚,因为有着过去共同合作奋斗的经历。他们喝着老酒,讨论着千年不变的话题,回忆着光荣往昔,也一起痛说着时代的不易,以及当下的举步维艰。这样的饭局,大多数最终成了"抱怨局""回忆局"。本质上,是因为这些人一直困在老赛道、老圈子。也许,就在同一时刻的某个地方,另一批人正在"憧憬未来",正在"积极向上"。

也许,那个饭桌上没有数千一瓶的老酒,他们的圈子也并不稳固,体量也不及你的一半,但他们面向新赛道,构建向上的力量,塑造向上的变革氛围,因为他们打破过去才能构建未来。当你站在高处看到这个现状时,你是否应该做一些反思呢?

从情义上讲,朋友的感情是历史的经历堆积而成的,但从商业上讲,一位企业家必须保持进入新赛道、进入新圈子、不断向上的状态。战略的更迭就是圈子的更迭,总在老圈子里待着是出不来新战略的。(见图13)

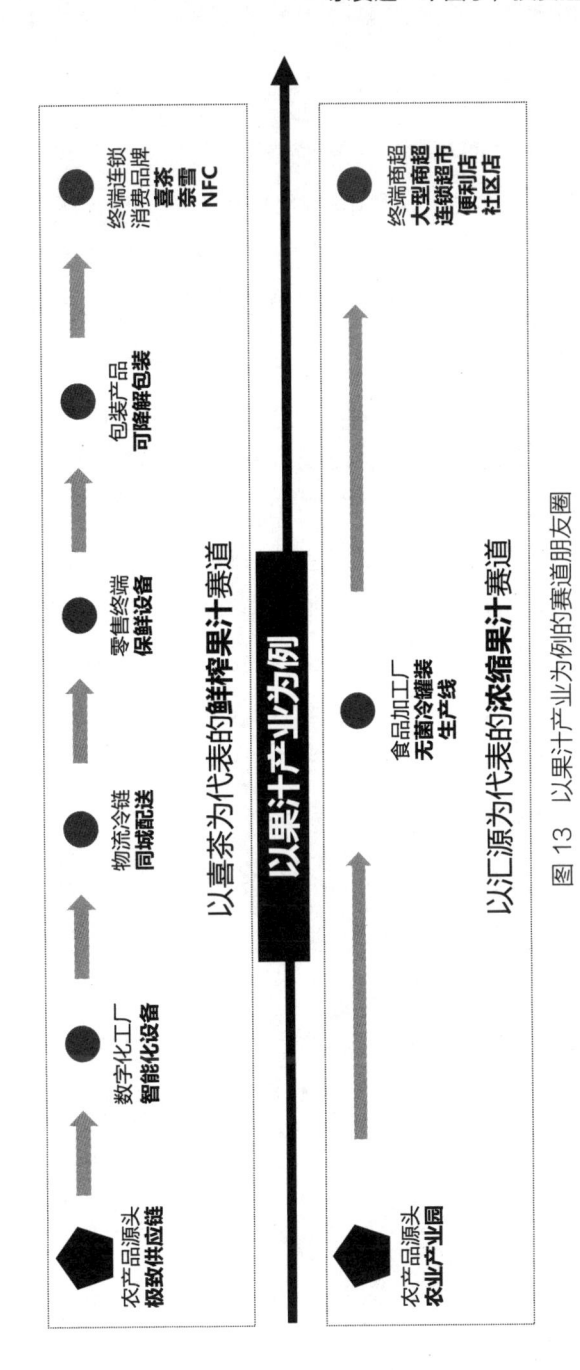

一条赛道一个圈子，换赛道就是换圈子

以果汁产业为例

以喜茶为代表的鲜榨果汁赛道：
- 农产品源头 极数供应链
- 数字化工厂 智能化设备
- 物流冷链 同城配送
- 零售终端 保鲜设备
- 包装产品 可降解包装
- 终端连锁消费品牌 喜茶 奈雪 NFC

以汇源为代表的浓缩果汁赛道：
- 农产品源头 农业产业园
- 食品加工 无菌冷罐装生产线
- 终端商超 大型商超 连锁超市 便利店 社区店

图13 以果汁产业为例的赛道朋友圈

真实案例

在一次投资机构组织的"新能源电动车"饭局上，我认识了一位"90后"的年轻企业家。几年前，他子承父业回国接班，做汽车配件，那时在北方某城为某大型燃油车厂商做供应。随着新能源的快速崛起，燃油车厂商明显势衰，订单量不断下滑。他和他父亲喝再多的酒、用再多的力也无济于事，这些老伙计们一个个都自身难保了。后来，他父亲索性交班出国颐养天年，将这个摇摇欲坠的摊子留给了这位"90后"。这位年轻的少帅从海外留学归来，见识过海外电动车的兴起过程，回国后，不愿意再进老圈子，反而一猛子扎进了几家造车新势力。虽然几年前造车新势力日子并不好过，但人心齐、士气旺，几年陪伴下来，造车新势力纷纷破土而出。而这位少帅的企业也进行了全新升级，伴随着造车新势力的成熟而走向了配件的轻量化升级，成了核心供应商，规模利润创了新高，成了当地纳税前十强。今天，老业务对他而言已不那么重要，那是父辈的"圈子"，他有了自己的"新圈子"。

我经常带着我的学生创立、参加一些"新圈子"，在上千位私董会学生的基础上，正在组成"新消费联盟""新制造联盟""汽车联盟""出海联盟""电商联盟""大农业联盟""企业服务产业联盟""政务服务联盟"……本质上，就是带着更多的学生，进入未来更新的赛道，共同创新，长新长青。

深夜思考

1. 你现在常聚的圈子是"新圈子"还是"老圈子"？它们所属的是新赛道还是老赛道？它们讨论的是积极向上的还是抱怨当下的？

2. 你的新圈子在何处？应该包含哪些成员？

03

做升级而非做降级

认知

只要没有世界大战，商业的终极规律就是升级，而非降级。

人类每一天都在不断地奋斗、积累、创造，社会的大方向一定是升级的而非降级的。

当然，社会经济的发展不会一帆风顺，每当遇到周期调整、经济降速、金融危机等问题时，都会有诸多"消费降级"的观点。但从长期看，短期的"降级"不可能改变其长期升级的方向。

因此，企业家的核心目标，不是一味追求所谓低价低成本，而是不断地想办法提高产品的品质，满足人们持续增加的升级需求。这才是长期王道。

中国未来10年，14亿人的人口结构以及演变趋势，更注定了各行各业必须追求升级。

至2035年：

中国的儿童（0~14岁）预估为1.4亿人口（数据来源：中国人口与发展研究中心和联合国人口基金驻华代表处），这比2021年的2.5亿人口减少了1.1亿。在儿童占人口比不断降低的驱使下，孩子变得更金贵，每170个成年人抚养一个新生儿。在这样的社会供需环境下，庞大的社会资源去照顾少部分的儿童群体，儿童消费势必全面升级化、高端化。

中国的15~59岁人口预估为8亿人（数据来源：中国人口与发展研究中心和联合国人口基金驻华代表处），这比2021年的8.9亿人，将减少0.9亿。巨幅的劳动力人口下降，会让劳动力变得越来越稀缺，而稀缺推动了劳动力价格的上升，收入的持续增加，进而他们会推动庞大的"中产"消费群体出现。针对这批新中产（他们受过广泛的高级教育，口味挑剔），企业需要想清楚，什么样的产品能够满足这个庞大的挑剔人群。

同时，中国60岁及以上人口预计突破4亿人（数据来源：国家卫健委），到2035年，20世纪75年代人群已经正式进入60岁阶段。与40年代、50年代这批建国前后出生的老年人勤俭节约的生活方式不同，"新老年人"蕴含着庞大的消费潜力，他们生长于互联网时代，见证了中国繁盛的增长过程，会保养，会消费，会"对自己好"，全新的消费理念让他们不会甘于居家"养老"，而会有更丰富多彩的退休生活，势必催生数十万亿的庞大市场。

所以，面向中国未来10年的商业变迁，企业必须想办法进入长期的消费升级赛道，而绝不能陷入短期的降级陷阱！（见图14）

真实案例

某国内知名的奶粉公司，婴幼儿奶粉业务下滑严重。究其原因是，在长期的同质化竞争中，习惯了价格战、模仿战的打法，不断地追求极致性价比成为这家公司的信条。而随着妈妈们对品质升级的持续升高，这家公司的品牌、产品形象被打上了"便宜"的标签，在消费升级的浪潮中，被众人纷纷抛弃。

随着中国母婴品质升级的长期大趋势推演，妈妈们操心的并不是哪款奶粉能省多少钱，而是哪款奶粉对自己的孩子成长更有利。同期，德国某款知名奶粉却在中国大获成功，其奶粉关注婴儿成长的不同阶段，分为0~1月、1~3月、3~6月、6~12月、1~3岁等档级，号称每一款都是最适合当期年龄段孩子的成长所需，平均售价是国内品牌的4~5倍，被中国妈妈们纷纷"买断货"，甚至要加价在海外代购。

是中国做不出好奶粉吗？不是。而是企业家活在"降本增效"的产品降级思维里，忘记了升级的本质趋势。

所以，经济的发展不是追求人口越来越多，买东西的数量越来越多，最终追求的是在人口不变、数量不变的基础上，其"品质"越来越高。

我的私董会学生A，2021年开始创立某童装品牌，聚焦0~3岁的孩子，结合了顶级设计师及顶级面料，将很多动物图案用很高级的设计方式融入宝宝的服装之上，一改过去婴儿服纯色单调的现状，客单价更是定为500~1000元。但这样的价格并没有吓倒宝妈，产品深得宝宝喜爱、妈妈欢心，一经推出，就进入线上高端婴儿服类目的前五名。

深夜思考

1. 你所在的产业，未来品质升级的长期趋势是什么？什么样的产品才能迎合未来客户的需求？

2. 当前，你的产品在下一轮的产业品质升级浪潮中，会不会被淘汰？

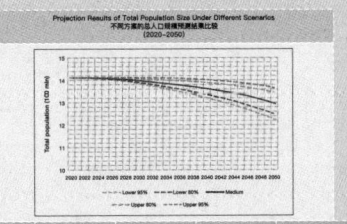

图 14　中国人口中长期变动趋势预测

做升级而非做降级

变动趋势预测
ection-Medium Variant
2050)

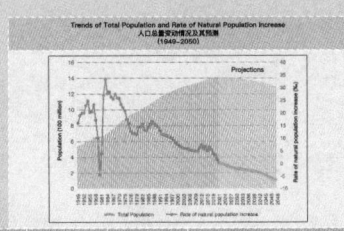

55~59岁/Age		60~64岁/Age		65~69岁/Age		70~74岁/Age		75~79岁/Age		80~84岁/Age		85~89岁/Age		90+岁/Age		合计 (Total)		总人口
男(M)	女(F)	男(M)	女(F)	男(M)	女(F)	男(M)	女(F)	男(M)	女(F)	男(M)	女(F)	男(M)	女(F)	男(M)	女(F)	男(M)	女(F)	(Both sexes)
5729	5683	3394	3398	3732	3876	2552	2722	1532	1729	942	1159	467	683	177	317	72315	68938	141253
5772	5735	3517	3552	3806	3940	2729	2943	1621	1839	959	1189	488	716	189	349	72251	69005	141256
5759	5736	3998	4058	3773	3889	2885	3144	1717	1960	977	1221	505	741	205	389	72170	69053	141223
5840	5815	4461	4554	3553	3657	3038	3340	1844	2112	1022	1282	513	754	218	425	72065	69079	141144
5947	5929	4947	5046	3345	3461	3178	3502	1962	2262	1053	1334	533	781	231	461	71940	69083	141024
6002	5973	5457	5551	3124	3260	3273	3609	2073	2415	1101	1405	554	812	246	497	71796	69068	140864
6090	6042	5500	5603	3251	3415	3345	3672	2225	2617	1171	1498	568	837	261	529	71635	69035	140669
5952	5885	5496	5607	3708	3908	3321	3627	2359	2799	1246	1601	583	863	275	562	71458	68985	140443
5810	5730	5579	5687	4142	4388	3131	3411	2493	2979	1345	1730	613	909	283	585	71269	68920	140189
5536	5439	5687	5800	4596	4868	2952	3231	2614	3126	1436	1857	636	951	298	616	71069	68843	139912
5283	5183	5744	5846	5069	5348	2762	3046	2698	3224	1524	1987	670	1006	315	650	70861	68753	139613
4996	4892	5831	5914	5114	5399	2891	3202	2766	3285	1644	2159	718	1077	328	679	70646	68651	139297
4783	4676	5705	5762	5121	5409	3315	3674	2752	3247	1750	2314	769	1155	341	708	70426	68539	138964
4651	4529	5573	5612	5205	5489	3710	4128	2598	3056	1859	2468	837	1254	360	745	70201	68416	138617
4537	4409	5313	5329	5314	5602	4119	4575	2455	2897	1956	2593	899	1350	378	784	69973	68283	138256
4464	4409	5075	5080	5375	5648	4542	5028	2303	2735	2024	2677	959	1450	404	834	69742	68141	137883
4720	4566	4803	4796	5461	5771	4587	5077	2431	2889	2085	2734	1043	1582	435	891	69506	67989	137496
4747	4580	4603	4586	5350	5572	4608	5095	2810	3329	2080	2704	1116	1700	467	953	69267	67826	137093
4774	4599	4481	4444	5232	5428	4694	5175	3152	3743	1968	2546	1195	1820	512	1032	69022	67651	136673
4890	4706	4375	4327	4994	5157	4803	5286	3504	4149	1865	2417	1263	1916	552	1111	68769	67463	136232
5075	4884	4388	4329	4777	4918	4867	5334	3861	4555	1756	2287	1313	1981	595	1198	68506	67258	135764
5288	5091	4560	4485	4526	4645	4951	5399	3906	4602	1879	2436	1362	2029	654	1310	68231	67032	135263
5540	5336	4590	4500	4344	4445	4859	5267	3941	4629	2196	2828	1363	2009	707	1413	67940	66785	134725
5842	5619	4619	4520	4235	4310	4759	5135	4027	4708	2471	3183	1292	1892	770	1529	67635	66515	134150
6100	5840	4734	4625	4141	4199	4551	4882	4134	4816	2750	3526	1231	1800	824	1625	67309	66218	133527
5975	5678	4918	4803	4159	4203	4361	4659	4199	4864	3028	3863	1165	1708	869	1706	66964	65895	132859
5672	5342	5129	5008	4328	4357	4139	4403	4279	4925	3069	3904	1271	1843	923	1791	66599	65545	132144
5391	5029	5378	5251	4361	4373	3981	4217	4210	4810	3117	3941	1511	2162	946	1825	66215	65169	131384
4989	4603	5674	5529	4393	4395	3890	4093	4133	4693	3198	4016	1707	2436	934	1801	65812	64767	130578
4608	4211	5928	5748	4507	4498	3810	3991	3963	4467	3298	4118	1902	2697	924	1785	65390	64340	129730

单位: 万人
Unit: 10,000 persons

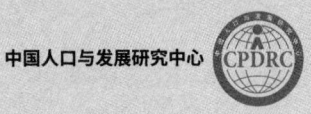

中国人口与发展研究中心 CPDRC

087

04

选择要自上而下，上层决定下层命运

认知

今天很多人遇到的问题，其根源都在一开始的选择。

企业家的选择，必须要自上而下，从产业看赛道、从赛道看链节、从链节看品类。

选择要自上而下，上层决定下层命运

选择做不做一个事情，首先看这个大的产业未来有没有更大机会，如果产业有机会，再去看具体产业中哪条赛道是未来的趋势；基于赛道的选择，再看你要选择在这条赛道中的环节是什么；最后基于环节，再去评估你应该具体做何种产品的品类。

这样的选择才是规避风险，能够顺势而为的最佳选择方式。

但是当前大部分的生意人，他的选择往往是"自下而上"，并不是"自上而下"。例如，你身边朋友说做奶茶赚钱，你因此去加盟一家奶茶店，但是你并不知道你是否选择了正确的产品品类——是客单价10元的奶茶还是20元的奶茶；更重要的是进一步说，你加盟的是珍珠奶茶赛道还是鲜榨果汁赛道；再进一步，现在是果饮赛道的最佳成长时刻，还是已经陷入了存量的内卷竞争？

再比如说，你看到了欧洲的EW战争，战争带来了能源供给问题进而造成了欧洲冬季缺电，所以萌生了这个时候做欧洲的电热毯生意的想法。但是，这个产业真正持久吗？哪个产品的赛道才有更强生命力？单纯基于短期的机会主义做选择，看到的仅仅是"微观机会"，一个庞大事物的片段信息，进而由此进入了一个战场，最终陷入长期的困境之中。

很多短期机会，一开始看，这样的选择并没有太大的问题，但是随着时间推移，你发现这个机会越来越难走下去，面临着种种的发展制约，所有的选择都是由上一层所决定的。

例如，产品好不好取决于你做的赛道是否好，赛道好不好取决于这个产业当前的形势如何。微观的机会都是由宏观的趋势决定的。

所以我说，选择，必须要"自上而下"。

选择做不做一个业务，首先考虑这个机会所属的产业和赛道能走多远。

产业的大小决定赛道的大小，赛道的机会决定链条上每个环节能做多大，每个环节的大小决定了每个品类能做多大。这样，才不容易犯大错。

汽车是一个大产业，中国每年有2000万辆汽车的销售量，全球有近9000万辆汽车的销售量。中国汽车产业经过数十年的发展，产业的总体体量愈趋稳定。但是，产业规模趋于稳定，不意味着内部的赛道均好，汽车产业包含着诸多赛道。例如，按照技术类别分，有人做燃油车赛道，有人做电动车赛道，有人做插电混动或增程式赛道，还有人做氢能源和自动驾驶赛道，当下燃油车赛道越来越萎缩，新能源赛道越来越兴起，但从长远看，自动驾驶才是更未来的趋势；从产品线看，有人做SUV，有人做轿车，有人做商用车，有人做跑车；从空间看，有人做发达国家出口，有人做发展中国家出口……一个汽车产业，有这么多条赛道；而再向下分，每条赛道都构成了一条完整的产业链，由上游中游下游构成，A赛道的上游和B赛道的上游不同，你可以选择进入某条赛道的某个环节，例如进入新能源汽车的电池环节，进入SUV的座椅环节等，这是基于赛道的链节选择。

而赛道的某个环节，还有不同的品类。例如动力电池，有磷酸铁锂技术也有三元锂电池技术，有容量高的也有更经济的电池类目。

选择要自上而下，上层决定下层命运

选择一定要从宏观到微观。

但相当多的人，先从产品和具象的机会开始抓起，做着做着，发现虽然产品做得不错，但背后的赛道错了，或更上一层的产业出了大问题，最终产品做得再好，也无济于事。（见图15）

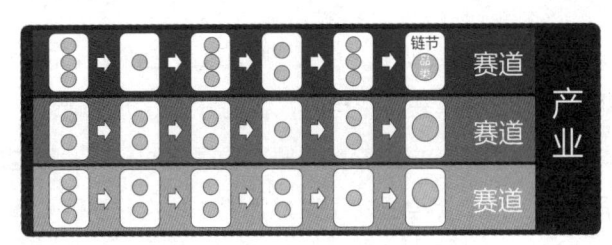

产业机会>赛道机会>链节机会>品类机会

图 15　一张图看懂自上而下的选择

真实案例

我的私董会学生A，最早的业务是给3D眼镜提供一个"膜加工"产品，主要的业务模式就是从海外进口膜材料，根据下游3D眼镜厂的需求，做模具而后切割成不同大小规格的膜片，这个膜可以防反光、防眩目，然后卖给下游。这是一个很细分的行业，经过多年的努力，他因降本增效及业务服务能力表现突出，成为这个细分行业的领跑者。

本以为业务走上了正轨，但一夜之间，业务却直接断崖。一开始，以为是下游3D眼镜厂出了问题，但仔细一分析，才发现，其实是中国的院线建设潮已经结束。那时，中国的电影院已经建设了1万多家，足够满足城市老百姓看电影的基础需求了。而随着电影院线建设潮的结束，存量的产品更迭率并不高，新增电影院的量断崖下跌，直接导致3D眼镜厂生意的停止，再传导到膜加工公司，也自然没有生意。它们本质上，都是中国"院线产业"的一员，院线建设潮的结束意味着这个链条上所有的蚂蚱都没有了生存根基。

后来，在我们的帮助下，A从"膜加工"这个核心能力出发，在4年前进入了电动车领域。当时，我们仔细分析了电动车的未来产业空间，以及未来的发展趋势，坚定看好电动车上的智能应用特别是"屏"的空间，而全面转型聚焦为电动车企业提供一体化的膜加工方案。4年下来，A已然成为这个产业的龙头，而且在可见的未来，随着电动车渗透率的不断提高，以及智能化应用在电动车上的不断提升，A的战略空间也越来越大了！

今天，A培养了一个思维习惯，先看哪个产业有大机会，再选未来趋势的赛道，再进行具体产品的布局，抬头看天，脚踏实地。

深夜思考

1. 你目前的业务选择，是"自下而上"还是"自上而下"的选择？

2. 对于未来的机会选择，你如何用"自上而下"的思维选好产业、赛道、链节和品类呢？

05

战略需要"主次先后"

认知

"要事第一""主次先后"不仅是企业家分辨轻重缓急管理企业的精髓,更是一家企业战略目标实现和日常运营管理的重要原则。只有具备了系统思维,才能做到要事第一,懂得在合适的时候做合适的事情,懂得抓大就要放小。

一家企业在一段时间内的资源和精力终归是有限的，弹药有限，就要学会高效地使用弹药。

哪些是当下的主，哪些是当下的次？

哪些要先做好，哪些可以延后下一步再布局？

这些问题不搞明白，什么都想要，战略就没有"章法"，企业就陷入盲目境地。

业务的扩展没有章法：

A业务不错、B业务不错、C业务不错……未来还有D、E的潜力业务，都有很大的想象空间。几千万元的营收规模，几十个人，有限的资金资源，五六条产品线在同步推进。A也想做大，B也想做大，天天活在10亿元的春秋大梦中，最终没有一个业务能够做深做透。

这样的企业，关键就是先把大儿子喂饱，带头把企业做到1亿元规模，再带动其他孩子茁壮成长。否则，所有孩子都吃不饱，都长不大。

产品的扩张没有章法：

一个业务有多条产品线。A不错、B不错，还有C、D、E，但是没有一款产品真正能够把钉子钉到客户的脑海中，成为有代表性的"爆品"。最终，看似每个产品都有些销量，但是随着潮水退去，消费者完全想不起这个企业的产品存在。

这样的企业，不如集中精力先把一款代表性产品"打爆"，让消费者人人皆知，使它成为这个企业的拳头产品，进而让消费者选择这款产品时带动其他产品，形成组合。

市场的扩张没有章法：

市场的扩张，一开始就全域扩张，线下线上同步、本地外省同步、国内海外同步。再好的业务和产品，在一个时间周期内都是要讲求最佳效率的，几千万的销量铺在全世界，不光消耗巨大的管理和中间成本，也无法在任何一个市场构建本地影响力。

这样的企业，千里之行，始于足下，应该先将一个样板市场真正击穿，先把一个地方做透，释放出极致效率，获得最佳收益，进而再一个城池一个城池地攻占。

集中优势兵力降维打击对手，是军事战役胜利的关键。你再弱小，全力以赴去击打竞争对手的微小环节，都有机会。

战略，必须要用关键资源，在一定时间内"饱和攻击"关键事项，达到战略成果，才有意义。否则，本就不强大，还要分散出击，最终一定受到挫败。

真实案例

我的私董会学生A，起步于北方某城市，做出了非常好的餐饮店模型，投资回本周期短，产品客户满意度高，在当地开出了十几家门店。

后来，本地的成功让他信心大增，为了快速跑马圈地，抢占空白市场，进而开始了规模宏大的1000家门店全国化战略。

总部层面：

1 要实现大规模，一定要IT数字化，这个钱省不得。

2 要想支撑全国1000家门店，必须要有强大的供应链体系建设能力。

3 源头工厂一定要做好，最好自建！

4 产品体系要跟上，必须推出越来越多的新品。

5 市场体系要应对全国招商，强配！

6 人力资源培训、财务支撑体系等基础功能，都必须要跟上。

区域层面：

1 全国20个目标省份划分大区，全域出击！

2 每个门店能开尽快开，找钱找人！

3 每个地方要尽快建立当地影响力，做好本地营销推广工作！

……

A加入私董会时，当时的状态可以用"信心满满，焦头烂额"

概括。

讲到未来"信心满满",讲到现状"焦头烂额"。

几十个城市开了100多家门店;总部所有的部门都疲于应付这分散全国的100家门店,效率大幅降低,到处都在救火,没有一个城市能"站稳脚跟",没有一个总部部门能够拥有应对几十个城市的服务能力。所有部门苦不堪言,大量的问题和抱怨让创始人甚至怀疑自身的业务是不是模型就有问题,1000家门店更是让所有人都充满质疑。

当我们的团队系统了解后发现,并不是这家企业的业务模型有问题,业务模型其实非常优秀,关键问题出在了战略规划没有解决核心的"主次先后"命题,导致空有一个远大的梦想拿下全中国,但最终成了行动的侏儒,满盘混乱。

后来,在我们的引导下,A重新规划了企业的全国化扩张路线以及第一个三年目标:

1 先以同一类型城市(人均GDP及消费习惯相近)为核心,选择华北不超过5个城市;

2 测算城市的极限容量,每个城市到底能开多少家门店,是20家还是50家;

3 以饱和击穿城市为目标,5城300店打穿打透;

4 先保障供应链建设,再在此基础上逐渐推行IT数字化建设;

5 所有总部部门围绕核心城市攻坚战为目标配置资源力量。

……

三年目标拿下后，再进行5城到20城的扩张。

进一个城市，要么击穿，要么不进！讲究战略资源的最高效投入！

后来，这家企业很快成为若干省份的绝对龙头，牢牢占据了那些省份的绝对份额，进可攻、退可守，管理有序、成效显著！

深夜思考

1. 你的战略，目前有没有出现资源无效分布，因缺少关键资源"主次先后"安排而陷入困局？

2. 围绕未来的终极战略目标，应该如何进入分步走战略，有限资源精准突破？

06

"战略+组织"能力大于1，融资扩张；小于1，缩编重塑

认知

一家企业什么时候启动大规模扩张计划，什么时候启动融资呢？很多企业说，准备好了就扩张、缺钱了就融资，这样的理解有误甚至有巨大的经营风险。

什么样的企业不应该扩张及融资？

当一家企业的"战略+组织"的能力小于1时，要么这家企业的战略和商业模式有问题，商业逻辑并不完善。例如小规模时有效益，一旦全国化、规模化就出现了"规模不经济"的情况；例如，太依赖于"天时地利人和"的业务，对生长的情况要求过高，一旦环境有一些不同，就无法复制和落地。要么这家企业的战略模式没有问题，但组织无法高效地复制和支撑，一出去就走样。老板能干，全员干不了，总部能做，外地就不行。

以上两种情况都说明企业的核心扩张原点仍未形成。

这种情况，扩张等于"赴死"。模式不对，大规模地扩张等于大规模地复制错误模型，最终错误的代价让整个企业无法接受；组织不对，大规模的扩张会让整个盘子混乱不堪、跑冒滴漏，最终不但拿不到结果可能还产生经营反噬。

"战略+组织"的能力小于1，企业无法对自身的资本回报率负责，无法有效地创造收益。在这种情况下，即使企业有了资金，资金的价值也无法发挥出来，拿到的钱也会成为烫手山芋。

不能够创造价值，钱投出去了，转化不成效益，就是消耗和空转。融资2000万元，投入2000万元，最后并没有换回2000万元以上的资金或对等资源价值。这个时候缺钱去融资就是一个危险决策，融得越多，空烧得就越多，坑挖得就越大。

在这种情况下，企业家想的不应该是怎么融资，而是理性反思当前的经营模式，先迅速瘦身，将整个企业回缩到最安全的运营边界和成本控制线上，千万不能"硬挺着"。将拳头收回来，准备好，才有机会打出去。

企业什么时候应该扩张融资？

当"战略+组织"能力大于1的时候，企业应该迅速启动扩张融资动作。

当然，此时又会有人说，既然我的企业能赚钱，资本的效率被滚动起来了，为什么还要去融钱？道理很简单，商业是完全竞争的。当"战略+组织"的能力大于1时，说明你掌握了竞争先机，获得了核心优势，而这样的优势不是永恒的，对手也会学习并超越。因此，当你获得先机时，就要乘胜追击，用更大资本的力量去推动优势的扩大。所以绝不是因为缺钱而融资，而是为扩大优势而加码。

真实案例

某互联网企业进入了VR战场，这个战场想象力空间巨大。

为了快速进场抢占先机，没等业务双脚落地，找出可持续发展的门路，该企业就先利用自身的市场影响力融了一把钱。美其名曰"先跑起来再说"。企业融到钱后，招兵买马，到处造势，探索了几种产业化的方向都不成功。随着时间的推移，钱慢慢都花光了。随着账户上的资金越来越紧张，该企业顿时捉襟见肘，也不敢对外声张。为了维持局面，保持这个好不容易经营起来的"盘子"，企业不得已又编了一个更大的故事，希望再融一把挺过难关。

上一个故事还没实现，新的故事又编出来了，这一次买账的人就少了。企业不死心，硬融，企业业绩对赌、个人无限担保，最终极其勉强地融到了一把钱。但毕竟该企业现在没实现"战略+组织"能力大于1的增长模式，钱依旧在消耗，很快，这笔融资又烧光了。

故事讲了两个，都没有实现，老投资人不干了，新投资人更不敢进了，最终无力回天，人马遣散、公司清算、个人破产，让人唏嘘。这样的企业比比皆是啊。

我的一些学生在加入私董会前就处在这样的状态。例如某同学做线下充电桩，模型并不好，但所谓看好大趋势，投资了数千万元数十个充电桩，分散在各地的充电桩维护成本高、收益不稳定；某同学起家于线上品牌，具有很强的品牌影响力，但线下不经"战略+模式"的完整印证，直接融了把大钱大规模扩张线下，结果造成庞大亏损。这些同学加入私董会后，我的当务之急就是帮助大家"动态止损"，绝不能错上加错，在错误的模型上空转空耗；回撤"模型"，重新找到"战略+模式"大于1的支点，找到真正企业健康发展的支点；再重新融资扩张，失去的战场其实很容易也能拿回来。

> **深夜思考**
>
> 1. 你企业当前的"战略+组织"的能力是大于1还是小于1？
>
> 2. 是否出现了小于1但大规模扩张导致压力巨大，或者大于1但止步不前浪费契机的情况？

07

世界不均匀，空间有机会

认知

　　这个世界是不均匀的，80亿人口，近200个国家，最富裕的国家人均GDP超过10万美金，而最贫穷的国家，人均GDP才不足1000美金，甚至在几百美金的水平。最贫困与最富裕的地方，差距有近500倍，不可思议。这个世界如此"不均匀"。当然，我们在这探讨的不是公平、伦理问题，从商业角度来说，这意味着这个世界充满着机会！

人均GDP每翻一倍,这个国家所有人民的生活方式就会发生天翻地覆的改变,所有产业链也几乎会重构一次,这也意味着之中产生了大量的新趋势、新赛道机会。富裕国家淘汰的生活方式、产品和工厂,可能会在后进国家重来一遍,而随着后进国家的进步,这样的过程会再次往复,这个世界形成了一个"商业接力棒"系统。

沃尔玛就是利用了世界的不均匀性,在全世界不断寻找低成本的生产制造地,来满足其每年上千亿美金经营帝国的产品采购来源,做成"天天平价、应有尽有"的商超巨无霸。而一旦制造国的成本上升,他们又会毫不留情地切换到下一个采购地,以维持其低廉的产品成本。低成本的产品在高收入国家的供应,形成的贸易、销售差,养肥了无数的参与方。

对中国来说,过去40年国力的变化,人均GDP的变化,改变了我们与世界所有国家的"相对关系"。我们从1995年人均GDP 500美金的水平,跃升到了2021年后1.2万美金的水平。这意味着,我们从贫穷的国家,变成了超越120个国家人均GDP水平的经济体,与发达国家的差距从100倍的差距缩小到了6到7倍的差距。这样的关系改变,给我们的未来带来了巨大的机会。

我们有了相对于中国的后进国家,这批国家人均GDP在3000美金上下,他们正在准备承接因成本上升,而从中国转移出的制造机会;同样,他们不仅承接了生产制造的机会,更是在人均GDP上升的过程中,创造了更大的需求市场,他们对未来充满期待,有积极的消费动力。

我们与发达国家的水平不断接近，意味着我们的生活品质、产品服务水准在不断向上靠拢，这对中国企业来说，从"穷国出不了好东西"变成了"高人均GDP国家的产品光环"，对大量中国企业的品牌出海是千载难逢的战略机遇，如同SHEIN、TikTok都在海外获得了巨大成功。

对中国企业家来说，接下来到2035年，我们将面临在更大的世界空间中，寻找新战场的无穷机会！

将中国成熟模式复制到后进国家，将中国的高端制造品牌升级到发达国家。对上对下，机遇无限！（见图16）

人均GDP（美金）
126598.10

世界排名	国家	世界排名	国家	世界排名	国家	世界排名	国家
1	卢森堡	12	瑞典	23	法国	34	巴哈马	45	斯洛伐克	56	巴拿马
2	挪威	13	加拿大	24	安道尔	35	塞浦路斯	46	特立尼达和多巴哥	57	圣基茨和尼维斯
3	爱尔兰	14	以色列	25	文莱	36	西班牙	47	希腊	58	马尔代夫
4	瑞士	15	圣马力诺	26	多多黎各	37	巴林	48	乌拉圭	59	罗马尼亚
5	卡塔尔	16	奥地利	27	科威特	38	斯洛文尼亚	49	塞舌尔	60	俄罗斯
6	新加坡	17	阿拉伯联合酋长国	28	马耳他	39	爱沙尼亚	50	巴巴多斯	61	智利
7	美国	18	芬兰	29	沙特阿拉伯	40	捷克共和国	51	匈牙利	62	帕劳
8	冰岛	19	比利时	30	意大利	41	立陶宛	52	圭亚那	63	保加利亚
9	丹麦	20	德国	31	日本	42	葡萄牙	53	波兰	64	阿根廷
10	澳大利亚	21	新西兰	32	阿鲁巴	43	阿曼	54	克罗地亚	65	哥斯达黎加
11	荷兰	22	英国	33	韩国	44	拉脱维亚	55	安提瓜和巴布达	66	圣卢西亚

——中国（排名67）

世界排名	国家	世界排名	国家	世界排名	国家	世界排名	国家
68	马来西亚	74	格林纳达	80	巴西	86	博茨瓦纳	92	格鲁吉亚	98	牙买加
69	土库曼斯坦	75	土耳其	81	圣文森特和格林纳丁斯	87	秘鲁	93	哥伦比亚	99	伊拉克
70	瑙鲁	76	毛里求斯	82	多米尼克	88	泰国	94	阿尔巴尼亚	100	马绍尔群岛
71	哈萨克斯坦	77	黑山	83	白俄罗斯	89	波黑	95	北马其顿		
72	墨西哥	78	加蓬	84	赤道几内亚	90	伯利兹	96	亚美尼亚		
73	多米尼加	79	塞尔维亚	85	阿塞拜疆	91	南非	97	瓜地马拉		

12669.62
0

GDP per capita, current prices（U.S. dollars per capita）

图16 世界人均GDP排名前100的国家

国家排名

真实案例

　　我的私董会学生A，疫情前接到一个"胆大包天"的业务机会，国内某知名家居生活连锁品牌计划要将连锁品牌开到意大利，因为A深耕意大利十余年，拥有丰富的当地商业资源，所以该品牌找到了A。

　　当A接到这个机会时，其内心是充满怀疑的。过去20年，只听说过意大利品牌到中国复制扩张，从来没有听说过中国品牌到意大利扩张，尤其是家居生活，意大利是设计之都，这不是关公门前耍大刀吗？后来A找到我，在团队的系统分析下，一个字结论就是"干"！随着中国人均GDP的上升，强大高品质的供应链，和一二线领先城市的高标准生活，已经具备了品牌出海的基础。团队帮助A设计了出海的模型、与品牌企业的短中长期合作模式，并规划了海外分阶段落地的战略行动步骤。今天，A已经在意大利开出了近百家连锁店，成为当地的"现象级"增长案例。

　　同样，我的私董会学生中，有相当一批人处在全新的出海战场中，依据人均GDP的不均匀分布，设计对应的出海模式，在古巴、巴西、中东、中亚、东南亚、欧美……做出了完全不同于国内的出海模型。我想不用多久，私董会的同学一定能够分布全球，成为空间赛道中的强力赛手！

> **深夜思考**
>
> 1. 世界不均匀,各国人均GDP位序的不断变化,就是机会不断出现的过程,你能找到何种机会?
>
> 2. 去发达国家还是后进国家?用什么样的模式?应该如何进入布局?

08

以终为始,
一张蓝图绘到底

认知

战略是边走边看,还是一开始严丝合缝地规划?我看到大部分"完美战略"的模样,都是在前行大方向上无比清晰,但具体到实施路径上可以随着环境变化不断动态向前。

例如，大方向上我们要去延安，但到底要过几次赤水，是走大路北上还是爬雪山过草地，那要根据当时的环境、竞争的压力等情况不断修正。但大的方向要一开始明确。

什么是企业的"以终为始"？

大方向就是"终点"。一个行业会有终局，一家企业会有"终点"。只有说明白了"终"，才有"始"。所有的路径都是根据终点目标设计的，终点变了，过去的所有路径就失去了意义。

但今天我看到很多企业都说不明白自己的终点。例如，上海是金融之都，深圳是科技之都，杭州是互联网之都，这是每个城市的"终点"，但怕就怕在，很多城市根本没弄明白自己的终点是什么。今天搞半导体，明天搞生物医药，后天又弄智能制造……每5年换一个方向，这是最浪费战略资源的事情。一家企业今天想往东走，明天看看别人，觉得另一个终点也不错，这山望着那山高，走一步算一步。这样的企业，最终就会活成四不像，做什么都做不好，因为所有的前行路径没有最终的意义。

许多企业、许多城市，最大的损伤就是进行着大量没有终点的努力，空耗着战略资源，空耗着时间和心力。很多时候，企业的方向其实往左前方走也可以，向右前方走也不错，只要向前走，终归就是好的。最忌讳的是，前后左右地乱走，没有目标最终半途而废，这是企业最大的战略损耗。

终点不能随便变，终点的明确是一开始最重要的战略命题。

浙江省这几年在全国的经济表现越来越突出，重要的是最开始制定的"八八战略",更重要的是"一张蓝图绘到底"的坚持。无论哪位领导主政,大方向都是这个方向,这样,调动公司所有战略资源朝一个方向努力,最终就成为发展效率最高的方式。

当然,这里面讲的"终点"也有一个时间的概念。例如,5年的终点、10年的终点,并不是说,到达一个终点后,商业进程就结束了。在那个时候,新的"终点"又会产生!

真实案例

早几年,某中国知名的企业培训公司乘势而起,中国千军万马的创业大潮让培训这个生意得名得利。但是因为公司效益很不错,所以并没有人关心公司的"终点",先做好当下,先把结果拿到,是经营班子的共识。因此,公司整体就活成了走一步算一步的状态。扎实地做经营,无可厚非。但随着公司培训业务逐步成熟,没有终点的问题就开始显现了。一些股东说,我们应该做更丰富的培训产品线,把这件事情做深做透。另一些股东说,虽然培训的现金流不错,但赚不了大钱,真正赚钱需要靠投资,所以我们要一手募资,一手投好公司,开辟投资板块,公司上市了我们就可以赚大钱。有人说,我们认识、服务了这么多企业家,应该搞企业家资源库,学习阿里巴巴去建一个B2B商业平台。还有人说,未来卖酒卖房是好生意,我们应该进军房地产,或者卖高毛利的白酒……

大家过着好日子,吃着火锅哼着歌,畅想着未来无穷无尽的想象空间，每个人都觉得自己提出的方向最有价值，应该成为这个公司的"终局"，谁也说服不了谁，反正现在有钱有资源，都试试吧！之后每个核心股东各搞一摊，都在这家企业培训公司的基础上开展了对未来业务的探索。

最后的结果呢？本就不大的公司，出现了东南西北四个终点，没有一件事情是能够调动公司所有资源全力以赴的。最终当然什么都做不出来，看似每件事情都起了个头，但大家对于投多少、怎么做、做成什么样这个终点一开始就没有共识。过度的无意义探索反而大量地消耗了做基础业务的精力和资源，慢慢地，基础的培训业务也在市场中失去了核心竞争力，步步滑向衰落。

最终，一批人出去弄了基金，一批人出去弄了酱酒，一批人守着原有业务。

这家公司逐渐消失……

以上的业务到底哪个好，哪个不好？其实没有那么重要。每个行业都有其未来的趋势和机会。但一家企业如果不能在终点上达成共识，就是最大的战略内耗。再有希望的业务如果不能形成合力，最终都将做不成。这就是没有"以终为始""一张蓝图绘到底"的结果！

如果一开始这家公司想明白，它就是一个资源平台，就是一家企业重度陪跑平台，甚至一家以企业服务为核心的知识传播公司，那么无论走哪条路，都有机会做成功。但可惜，无终而始！

深夜思考

1. 你5年、10年励志奔向的终点是什么？设置这个终点的依据是什么？不好高骛远，也不妄自菲薄。

2. 你是如何确保这个终点"一张蓝图绘到底"的？你为终点设计的长征路线是什么？

09

做大事要有"穷人思维",好事众人推

认知

  花钱是最容易的事情,我常说:"一个人有钱的时候,往往容易犯大错。"如何理解这句话?有钱的老板往往杀伐果决,家中有粮,心中不慌,胆子自然大,信心自然足,就很容易出现决策快、出手狠的状态,而这是犯大错的必经之路。

真正的决策多半都是深思熟虑后的果断进攻，而不是一拍脑袋先干再说的赌博。也许很多人之前赌博，在有了一次、两次的好运后，会把运气当成自己拥有超强商业直觉、超强决断的能力。这和有钱脱不了干系，自己有钱，想干什么干什么，用不着和别人商量，用不着求人，缺团队招，缺产能投，缺资源买，缺影响力砸。

这种经营做法失去了科学的决策流程，失去了与市场各方力量共识的过程，哪怕你是商业之王，最终都会把弹药耗光，容易陷入自身的认知盲区中。从这个意义上看，富人更容易犯大错。

我发现，真正能够不断稳中前行的企业家都必须具备"穷人思维"。

穷人思维更像一种基于最大化运用有限弹药的"效率思维"，基于一群相关方所共同研讨、共同试错的"共识思维"。

例如：

自己没资源：那就要学会和各个有资源的产业方谈合作，说明白自己的思路，让大家愿意参与。

自己没钱：那就要找投资方，说明白这个产业的机会和自己的资源，让投资方愿意出钱。

自己没能力：那就要学会找和自己能力互补的人，建立强强联合的共赢机制。

即使你有资源、有钱，也有能力，也要把自己假设成"穷人"。

以"穷人"的思想状态找到这些力量，要谁与你同行，就要经历大量的影响、说服、研讨和被质疑的过程。这个影响和说服的过程，又是不断修正你思维路径的必经之路，所有人都会对你的方向、实施路径提出各式各样的问题、挑战和质疑。而对更多挑战和质疑的回答，才能帮助你找到真正的事实，无限度逼近这件事情的本源与正确方向。这件事情虽然辛苦但是意义巨大，可以避免独断专行带来的风险。

当一件事情最终得到大部分人的支持时，你会发现，此时"众人"的力量已经形成，许多事情也用不着全凭一己之力了。有人贡献产业资源，有人贡献专业能力，有人贡献粮草弹药和你一起干，你得到了各方力量的认可、支持和联合。人多力量大，有钱出钱，有力出力，极大地增加了成功的概率。

当然，也有一种可能就是这件事情各方都不认可。我想，大概率这件事情本身就有硬伤，如果大部分人都不支持的事情，事出反常必有妖，你也就不要逆势而上了。当然，一些人会拿出某些天才力排众议，但在我看来，只要你联合的力量足够靠谱和专业，那么你就要相信"众人"的眼睛是雪亮的，各方力量都不支持，一定有你看不到的死角和死穴。

所以，越是干大事，越用不着自己的钱；用自己的钱，不和别人商量的事，看似很"爽"，但很容易把事情干砸，就是这个道理。（见图17）

图 17　好事众人推

真实案例

大家都了解我创业初期的经历，我毫无保留地将这段经历在线上进行了分享，一方面，是坦然面对过去自己的错误，另一方面，是为了提醒许多创业者规避错误。线上分享引起了非常多粉丝的热烈共鸣。对其中的"有钱容易犯大错"那段话，但凡过来人都深有体会。

我一开始创业时，可谓闪亮登场。因为之前在咨询专业领域积累了口碑，形成了人脉，自己也有一些积累，所以一开始创业时，几千万元的上市公司投资加上自己的出资，账上就趴着丰沛的资金。

但有钱真容易犯错啊！我自信的专业，加上充沛的资金，以及一夜成名的心态，使我便陷入了"迷之自信的无脑状态"。大事情根本用不着和别人商量，也用不着说服别人参与，有钱有人，干就是了。而没有经过风吹浪打的项目产生历程，中间必然隐藏着致命的风险和错误，两三年，弹药被打得精光。

一个个显而易见的问题，事后一个接一个地暴露出来，我爬出一个坑又跳进另一个坑，血的教训。我反思过去本质上就是"富人思维"在作祟。

没弹药了，反而清醒了。我意识到，想做一件事就要汇集各方力量，要费大量的时间、口舌去影响、沟通、解答、调整，一轮又一轮，许多潜在的问题会一一暴露出来，要做的事情也越来越清晰。事情越来越清晰，愿意和你合作的人也越来越多。最终你发现，原来"0"元创业是有可能的，"0"元创业的成功概率还很高！

当然，我不是在鼓励大家"0"元创业，而是提醒大家做事要有"穷人思维"！真正好的事是一群人的认同与推动！

深夜思考

1. 你有没有犯过"富人"的决策错误呢？你的反思是什么？未来如何规避这样的错误呢？

2. 如何将"穷人思维"应用到战略决策中？先聚力，后干事，把挑战留在一开始！

10

"造币机"与"发币权"

认知

　　每家企业都有自己的产品，产品有定价。

　　同样，每家企业自身就是一个产品，这个产品的价值某种程度上比商品的价值更重要。这就像一家企业发行的"货币"，你的企业值多少钱，就是你发行了多少这家企业的货币，并被市场认可。

一些同学和我说，"老师，我的企业值不值钱没那么重要，赚钱就行了""赚钱才是最大的务实"。我想，大多数企业家应该都持有这样的观点，我必须纠正这样的观点。

赚钱能力是每一家企业的基本能力。如果企业连赚钱能力都没有，那如何经营呢？街边摆个摊贴手机膜也能赚钱，卖几套房子也能赚钱，炒个股票也能赚钱，开个包子铺也能赚钱。如果企业干这些事，是不是意味着全天下都是企业家呢？

再者，我们设想一种情况，如果你要进行外部战略伙伴的股份引入，应该确定什么样的企业价值呢？这个价值是否能被战略伙伴认可呢？如果你想要与企业核心管理层共同分享未来收益，实现共同的奋斗目标，那么对内你应该如何评价企业的基本价值呢？管理层是否认可你的价值数字呢……

在我看来，企业家除了让产品赚钱，还需要让企业值钱！这才能真正考验一位企业家的经营水准！谁能率先把自己的企业变得值钱，谁就可能获得一个更新的力量，叫资本力量，即从打造产品价值升级为打造企业价值，变成企业家间的重要分水岭。

所以评估企业家水平不是评估当下的利润，不是企业去年赚多少钱、今年赚多少钱，而是企业价值，这才是评估一位企业家真正的核心能力。如果一家企业的价值没有办法被评估，当下的利润率就算再高，赚了再多的钱，该企业家也只能得到0分，因为永远要从头再来。

你的企业今年比去年更有价值，这才是评价这一年你奋斗成果的最佳标准。

企业这个最大的产品必须有一个"价"。

这个"价"不是净资产,不是简单的利润率背书,也不是销售额倍数或未来远期收益折现……而"价"是由一家企业根据外部市场环境所体现出的综合价值的还原。

一家刚刚注册的企业,注册资本为1000万元,但价值可能为10亿元,因为其创始人是首席科学家……

一家亏损数亿元的企业可能价值上百亿元,因为其有不可替代的核心能力……

一家净资产10亿元的企业可能不值钱,因为其产业老旧,没有流动性变现能力……

两家利润都是3000万元的企业,可能一家价值2亿元,另一家价值20亿元,因为其所处的产业赛道不同……

这个看似虚无的数字,就是企业发行的"货币"。

一家企业值10亿元,并不是说这家企业有10亿元现金在账上,而是说它被市场认可的价值为10亿元。那么一旦拥有了这样的"造币机",这家企业就获得了巨大的"发币权"。

它可以用这个"发币权"做非常多的事:

它可以用1%的股份吸引行业顶尖人才。

它可以用1%的股份置换稀缺的产业资源或渠道资源。

它可以用1%的股份换回核心的领先技术。

它也可以用这1%的股份换回1000万元现金,加速其他业务的发展。

总之,它获得了远超于行业竞争对手的"竞争武器"。

打造企业的"造币机",获得企业的"发币权",就是企业的高维战略之一。(见图18)

图18 造币机"与"发币权

真实案例

我的私董会学生A，从事的是不锈钢无缝管的生产制造，这个行业又卷又累。上游受制于不锈钢原材料的价格，因为上游的大部分公司都是巨头公司，小企业在它们面前没有议价能力；下游受制于买方市场，因为长期产业供给过剩，下游给的加工利润无比微薄。在这种情况下，A的企业成了夹心饼干，利润不断溢出。

但这样的行业境况，仅仅是A面临的吗？放眼全行业，其实到处都是。

当大家在为抢客户而打产品价格战斗得头破血流时，A最先反应过来，开始同步筹划提升公司价值。行业内卷终有头，但谁能够走到最后，取决于产品性能相同时谁最先做大公司价值，获得超常规力量。后来，在我们的帮助下，A获得了地方政府数千万元的投资，最关键的是实现了资本市场的定价，有了"发币权"。A的公司开始与上下游客户、核心产业资源分享"发币权"，成为"一家人"，不仅在产品层面进行合作，更在未来做大公司价值层面进行深度合作。

没过多久，A的企业在行业中独树一帜，走出了完全不同的增长曲线，并逐渐摆脱了同质化的产品价格竞争！

深夜思考

1. 你的企业价值有多少？这个价值能够被市场接受吗？有没有人愿意按照这个价格买你1%的股份？

2. 你应该如何打造你的"造币机"，应该如何运用自身的"发币权"去引入战略级资源？

11

企业价值的根基：
稳定性+增长性

认知

一家企业的核心价值靠什么？

为什么地产商的市盈率要普遍比物业公司的市盈率低？

为什么这么赚钱的银行股市盈率比一些没那么赚钱的市盈率要低那么多？

为什么一个奶茶供应链公司的价值要比一个开终端奶茶公司的价值普遍更高？

这样的问题，在市场上的答案五花八门。

有人说，是因为一个行业性感一个行业不性感。但什么叫性感？互联网产业性感吗？钢铁产业不性感吗？

有人说，是因为有的人会玩资本运作而有的人不会。但农夫山泉好像也没什么资本运作。在有些资本运作出身的创业者眼花缭乱的操作背后，好像也没什么企业价值。

有人说，一家企业准备上市了就有资本价值，一家企业不上市就没有资本价值。但一些发电站一辈子都不上市，难道它没有价值吗？

如果这些根本性的问题不弄明白，最终就会在涉及大是大非的原则上乱了阵脚。

我这些年既服务过大量的上市公司，帮助他们不断提高资本价值；又服务过大批量的腰部企业，帮助这批企业从没有市场价值到塑造、实现资本价值。这些大量的亲身经历，让我深刻地意识到，一家企业的价值的根基，其实就是两点——"稳定性"和"增长性"。

稳定性：这个企业是否具备长期稳定发展的根基。

地产商的市盈率为什么这么低？核心的原因就是其发展的根基并不稳定。去年在北京东四环拿到的土地，卖完之后不可再生，明年是否还能在北京获取一块土地，是个未知数。所以，所有的生意都趋于一次性生意，不可复制、不可持续。但是物业公司的生意逻辑是不同的，理论上，只要服务小区的业主委员会不把你赶走，那么这个业务的服务周期就趋于终身，且未来有持续的降本增效空间。

一座发电站虽然一开始获得的装机容量就是一个定数，但是只要它服务的城市欣欣向荣，它的收入及利润就是稳定的，这样的业务服务周期让人心安，且能够持续下去。

许多企业没有价值，本质上首先是业务的属性不具备稳定性，上下游不稳定、生产资料不稳定、市场不稳定、团队不稳定……不稳定的反向就是巨大的风险，风险是价值的敌人。

增长性：这个企业是否具备不断扩大的未来空间。

企业价值的第二个根基是未来的成长空间、想象空间。价值分配分为存量分配和增量分配，大多时候，投资人看重企业价值，是因为有更大的增量价值，而不是冲着现在的存量利益。

所以，一家企业有创造更多可能的能力，是这个企业价值的重要支撑。

一座发电站的想象力是有限的，但一家新能源公司，不断从火力发电、到风能、光伏……从传统能源不断地与时俱进入新能源领域，这家企业的价值也在几何级地增加。（见图19）

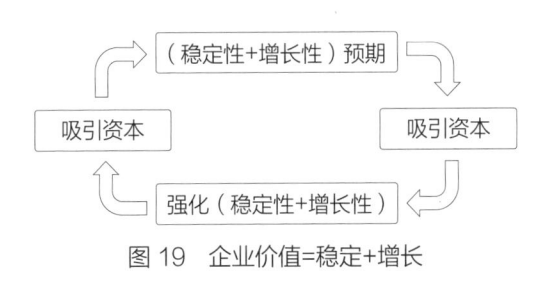

图 19 企业价值=稳定+增长

真实案例

我的私董会学生B，从事电子零配件的出海贸易业务。贸易企业总让大家觉得是最没企业价值的企业，因为"吃了上顿没下顿"，今天的客户明天就可能成为别家的客户。本来就是个信息媒介，信息越来越透明的情况，靠信息差越来越难赚钱了。不仅如此，这个行业最容易"飞单"，一旦企业的业务人员在下游认识客户、上游认识供方，那么他跳槽或自己创业也屡见不鲜……这样的企业在你眼中有企业价值吗？

B问我，怎么做出贸易企业的基本价值呢？

在我看来，所有企业都有机会做出企业价值，关键是如何做。

首先，战略上，这家企业必须摆脱靠天吃饭的业务逻辑，要明确核心目标市场和核心服务模式。B在我们的帮助下，首先找到了南美某国作为核心目标市场，这个国家的人均GDP正处于快速增长期，B的公司击穿单一市场的机会巨大，不用再漫无目的地满世界跑业务。同时，转变单纯的贸易商模式，改成"贸易+供应链+服务商"的重度服务模式，与下游客户不断加深合作，而与客户的深度合作模式也大幅降低了被替代、被"飞单"的可能。在市场量能大幅增长的基础上，B的公司开始用订单换股份，实现了对上游的参股，实现了"供、研、产、销"的一体化升级。

这家企业不仅产值增长近10倍，还获得了稳定的业务链条及进入更大的南美市场、切入更多电子零部件产品的发展空间。企业价值凸显，它被若干家知名机构抢投，走上资本市场指日可待！

深夜思考

1. 你的企业具备稳定性的根基吗？如何增加你企业的稳定性？

2. 你的企业具备未来的增长空间吗？如何不断开辟企业新的增长空间？

12

产融互动：产是70，融是30

认知

"产融互动"在商业中是非常高级的打法，是许多资本派口中可以吊打经营性思维的制胜武器，更成了很多企业家充满期待的救世良方。

什么是产融互动？简单来说，就是利用一家企业的基本经营盘，把故事讲好，把资本价值放大10倍，然后用10倍的资本价值去降维打击竞争对手，并购、整合、打仗。总之，有了资金，什么都好办，而通过巨大的资本优势推动企业实现业务倍增后，带动估值或市值又实现倍增，放大10倍成效，以此往复，不断做大，堪称奇幻。

产融互动的思维方法论是没有错的，但用的人，十之八九都犯了大错。

本质上，学习、接受了这套思维体系的人，因为见证了资本的巨大优势，而错误地理解了两者的重要权重，最终本末倒置，栽了大跟头。

在产与融中，永远是产在前，融在后；产是根基，融是高楼。

所有估值、资本的故事能够讲得下去，本质上是扎实的企业基本面，而不是漂亮的大饼故事。所有的故事，一旦没法兑现，那么跳得有多高，跌得就会有多惨。

例如，做大资本估值，融资1亿元，1亿元到账能不能有效推动你的业务扩大10倍呢？如果基本功不行、产品不行、模式不行，那么这1亿元会烧个精光，钱越多犯的错也越大。例如，某上市公司为了推高市值，采取更快的并购方式，花了大笔钱买了游戏公司，又性感又有利润，股价一度也冲上了1~2倍市值。但这家公司的老板对游戏一无所知，手游玩都没玩过，3年对赌期结束，团队撤了、产品老化了，也推不出新产品，束手无策，只能任由这家并购企业走向衰亡。最终，巨大商誉形成巨大亏损，股价一落千丈，赔了夫人又折兵，钱没了，市值更低了。

过度放大资本的价值，过度高估资本的工具和武器。我们对很多"资本大佬"，习惯性地都会高看一眼，觉得资本大佬最牛，一般人做事业苦哈哈、辛辛苦苦赚钱，资本大佬分分钟就赚出来了。于是，我们的心魔出现了，就想学着资本大佬一样赚快钱。再加上有人说"做企业是爬楼梯，资本运作是坐电梯"，我们就更觉得有资本，万物行了！

但其实，今天我们看到真正优秀的公司，哪家不是扎扎实实做实业的呢？

资本，只是阶段性的催化剂，是为了让实业这个大面包更香更好吃，关键时刻加入的"酵母"而已，但绝对不是持续发展的制胜绝招。

产融互动，产是70，是任何时候的根本！基本面扎实可以扩张，用融做杠杆！产业链整合高度可控，用融做工具！这样的以实业为根基的产融互动，会帮助企业获得巨大成功，而绝对不是脱实向虚。一旦实业家玩起了资本，那么离倒也就不远了。（见图20）

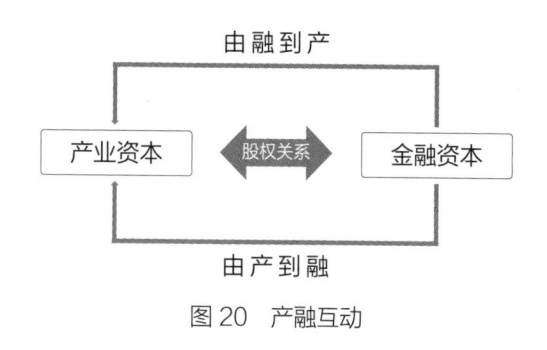

图20 产融互动

真实案例

我的一个朋友投行出身,在资本市场牛市周期时,赚了大钱。后来面对实业家,有了轻蔑之心,言语中就是做实业又笨又累,又赚不到"大钱",实业就是个数字,取决于怎么把股市讲大,这是他经常挂在嘴边的话。后来,他拉了一批信徒,组了个大资本,放了1倍杠杆,十亿元收购了某实业上市公司。传统制造业行业竞争激烈。上市公司创始人年纪大了,业务做得也不行了,想要退位。我的这位朋友溢价"接班",创始人虽心有不舍,但看在钱的份上,高兴得不得了,一买一卖,各取所需。朋友拿下这个上市公司后,我和他说,要多投入些时间在基本面上,先抓抓经营,夯实基本功才能做上层建筑。

他挥挥手:"抓不抓经营没什么意义,抓了,多1000万元利润,不抓,少1000万元利润,最后也不影响股价,我要找个好资产往里面装,装好了,市值上涨几十亿元,那才是大钱。"当时我竟无言以对。是啊,在大钱面前,经营、实业变得无所谓了。而这种心态,不仅让他完全没有个新掌门人的样子,不去公司,不了解业务,更让整个公司开始"玩"起了资本,都在期待着老板妙手回春。从董事会到董秘、从总经理到高管层、从高管层到经营层,仿佛那点利润都不是事儿。没过多久,这个公司一直没有装入什么像样的资产,为什么?不是没有好资产,而是有好资产的创始人一看这么个玩家,"不务正业",也不愿意和你深度绑定啊!而差资产,我这个朋友也看不上,这是反向割他的韭菜!就这样,高不成低不就,拖了2年,资本市场彻底对这个公司没了信心,股价腰斩一半,公司经营越来越差,人心涣散,濒临退市。这位朋友无奈赶紧止损脱手，亏了数亿元资金离场。

其实，在那个年代，像我朋友这样的何止一人啊！在当今年代，后来者又何其多？唉！

深夜思考

1. 你身边有没有脱实向虚、使融远远大于产的朋友？最后结果如何？

2. 在你的企业中，应该如何科学地运用"产融互动"，把实业做大，把企业价值做高？

13

体量决定分量，规模决定位势

认知

经常有同学会问我：老师，做企业一定要追求规模，一定要追求增长吗？我做个小而美的企业不是也挺好吗？小而美，自给自足，没有那么大的压力，一人吃饱全家不愁，这才应该是人生比较好的状态吧！

"小而美"确实是很多人的内心真实追求，但是在商业层面上，"小而美"的存在大多数情况就是一己幻想，难以存续。"小而美"，是一家企业最先发展的阶段，但随着商业竞争的进化进步，参与的赛手越来越专业，最终你发现，当"大而强"产生后，"小而美"就只能逐步退场。

企业家必须要明确基本认识，你的体量决定了在商业中的分量，决定了你的竞争能力和资源获取能力。商业世界讲求的是吨位和分量，只有有了体量和规模，才有继续下去的资本和能力。从这个角度来讲，在企业的初期发展阶段，企业体量的价值重要性大于利润的价值重要性。

很多追求"小而美"理念的企业，无外乎的理由就那么几点。

①精巧性：做大了反而不赚钱，做小的时候还有些利润，所以"小而美"是最好控制的。

②灵活性：三五十个人经营一家企业压力不大，说关随时关，说做随时做。

③性价比：企业小管理成本低，还能赚点舒服钱，做大人马一多，不光自己累，利润率也下来了。

但我们要知道，一家企业，它存在于无限的商业竞争之中，做大做小不是以企业的意志为转移的，商业需要更大规模释放更大效率，有更强服务能力的人来为更广阔的消费者提供服务。"小而美"只能阶段性地服务某个群体，一旦商业产生了"大而强"，最终"小而美"的优势便会荡然无存。

大的现实意义如下。

①意味着活得久：大企业才能活得久，它的抗风险能力才足够强。

②意味着扛得住：如果商业中出现大风大浪，那么企业越大，才

有吨位能扛，甚至出现"大而不倒"的情况。大到一定阶段，就不是一个人扛了，会有一群人顶起来，甚至地方和国家都不能让其倒。

③意味着玩得起：很多大的商业机会，需要进场的门券，下场的筹码。

④意味着公信力：大就是信用，大就是品牌，大说明了一切，大就是走进商业的强者队列的通行证。别人看一家企业，首先问你做什么，吨位有多大。此时，先不说经营质量，信任感已经存在了。

⑤意味着更多资源：门当户对同样常见于商业领域，商界强调"强强联合"，你在你的领域越强，就有越多优秀合作方将你列入首位合作对象。

2022年，中国民营500强的入围门槛再次提高到了250亿元以上，500强的入围门槛越来越高，意味着商业资源越来越集中化，大量的资源向行业的大而强企业聚拢，这是必然趋势。（见图21）

图21　大体量，大位势

真实案例

我控股的月子中心集团A，在过去的经营历史中对大而强感受极其明显。A一开始就是一家门店，坐落在上海外滩，虽然拥有中国台湾最正统的科学看护体系，拥有很好的口碑，但是在经营中就是一个"小而美"的公司。这样的境况让这家公司未来的发展空间堪忧。

为什么？因为月子中心并不是一个独立的产业，它从属母婴产业，上下游还有大量的协同方。如果没有影响力、没有足够的规模，所有优秀的商业力量都难以认真对待A；没有资本，没有战略合作伙伴，没有生态链上下游加持，A想上一个新台阶，难于上青天。

在我的推动下，3年后，A的直营门店从1家扩张到8家，成了上海的细分市场领导者。此时，有意思的事情出现了。大批的产业战略合作伙伴开始向A聚拢，送上了各式各样、好的合作项目和合作条件，甚至许多优秀产品免费提供，主动赞助。就因为A有吨位，有每年服务上千位的高端客户服务入口，有商业影响力。

不仅是合作伙伴，上市公司、人才、投资方、资本方、地方政府……都希望与A建立合作关系的时候，你开始意识到，更大的推动力出现了。借助这股推动力，A全新的发展空间也近在眼前。而反观之前与A类似的精品门店，"小而美"的状态并没有维系太久，缺乏更强力商业资源的注入，"小而美"无法实现更多的进化，最终，"小而美"变成了小而弱。

所以，在商界，对"小而美"企业的赞赏，更多是场面客套话。最终，实际行动会让你看清楚，没有人愿意把优势资源给你，你没有足够的商业信任度，没有更强的商誉。古时，一个商户力量薄弱，要结成联盟、结成商会，人多力量大，才能越做越好，不就是这个道理吗？规模决定位势，只有更大的规模才能拿到更多的机会，只有更大的规模才有更大的链条合作，只有更大的规模才有更强悍的出场方式。

> **深夜思考**
>
> 1. 你当前的经营理念是"小而美"吗？你有没有因为位势、规模不足而缺乏分量和影响力，进而错失合作机会？
>
> 2. 如何提高自身的吨位、位势和影响力？

经营之术

01

机会取舍的4个关键

认知

　　一个人看到的机会越多,同时也意味着决策的压力越大,所触碰的潜在风险也越大。九成的所谓"机会",其实都未必构成出手的条件,机会看似很多,但机会与机会间差别巨大。

我们要在这无限的机会里做出取舍，找到符合天时地利人和的机会，聚焦一仗。这一仗值得你持续发力3~5年，能够在中长期里获得巨大回报。

因此，机会的取舍至关重要，在一定程度上，这也是在考验企业家的见识、认知和能力。

考查一个产业和一个赛道值不值得进入，哪个更值得进入，我认为有4个重要维度：

周期、价值、竞争、能力。

周期和价值对应着天时；竞争对应着地利；能力对应着人和。

①周期：好产业需要正确的进入时点，进入时点代表着机会的难易。我在《高维增长》中讲到的周期，核心就是时点问题。市场的每个周期都有对应的机会，但是从选择的角度看，我们要更优地选择处于成长期的赛道。虽然起步期和成熟期也都有机会，但开辟战场、吸引资源的难度却是倍增的。

②价值：产业规模小的往后放，产业壁垒低的往后放，太多人都可以干的往后放。当今商业，低价值的事情做的人越来越多，看似很多事情门槛低，但一进去就是一片红海。想想如何做"难而正确"的事情更重要。最优价值的环节往往是具备"控制力"的，你参与的环节在整个产业中控制力太弱，积累了5年、10年，发现还是没有控制力。例如，你是某大明星、某大导演的经纪公司、影视公司，说跑就可以跑，但是作为企业负责人的你对企业的核心资源却没有控制力。

③竞争：分析对手，大市场高价值，机会多，但有可能你潜在的对手也非常强。竞争是一个持续长跑的过程，你参加的是奥运会还是亚运会，选择竞争的场景很重要。能力不强的时候，不适合去奥运会。云计算领域机会巨大、新能源汽车机会巨大，但这都属于奥运会的赛场，并不适合一些根基不深厚、能力不强悍的企业家参与。

④能力：你具不具备对应的能力呢？你发现的产业机会、赛道机会、链节机会，你的能力与之匹不匹配呢？例如，有些机会需要技术能力，有些机会需要互联网的推广能力，有些机会需要极强的运营能力。每个机会都有其对应的"关键能力"，能力构成了机会把握的最后一个要素。

天时地利人和，对应着周期、价值、竞争和能力4个要素。但是我们通常发现，不是所有的机会都达到"4项全能"。如果4项皆很匹配，那么可谓是完美机会了。大多数情况，机会只满足其中的几项，总有缺憾。那么，这4个要素，哪个更重要呢？

其实，如果按照重要性来排序，正是"周期大于价值""价值大于竞争""竞争大于能力"。

进入机会的时机，以及机会自身所具备的价值，一定程度上是客观的、不可逆的，所谓天时，说的就是如此。因此，好时机适合做事，哪怕没有准备周全，亦是千载难逢；就如同资本市场牛市周期，时机大于所有所谓的微观选择，人所无法改变的客观情况，都是最重要的选择标准。而能力是其中最弱的评分项。因为能力的缺失，可以通过"借力"来补充。在商业世界中，能力虽然在持续的变化，但它也是最好补充、最丰富的关键资源。

所以，机会的选择，要忘掉自己，关注趋势。（见图22）

天时地利人和	01 周期	时机对不对
	02 价值	价值大不大
	03 竞争	对手强不强
	04 能力	能力行不行

图 22　机会取舍的 4 个关键

真实案例

2017年，我在选择月子中心这个产业时，就充分考虑到这4个要素。

周期：中国人口出生率水平长期维持在1700万人左右（数据来源：《中国统计年鉴2021》），即使按最低20%的渗透率水平预测未来空间，那么340万个新生儿选择月子中心，也是600亿~800亿元的市场。中国整体的消费水平提升周期，月子中心的高水平服务对应的价格带，意味着这个产业还处于一个漫长上升的市场成长周期中，因此，它在相当多的城市中都会有成长期的契机。

价值：只要有孩子，专业看护市场就是刚需。其中，在母婴看护市场，月子中心比月嫂的门槛要更高，在月子中心中，中高端比中低端门槛更高。月子中心模型虽然"重"，但是它是不可被替代的存在，28~42天的服务场景，这个环节对用户的影响力决定了月子中心在整个产业链中的重要程度，进而直接影响了产后修复、婴儿摄影、早托等后续产业环节。

竞争：2017年，哪怕在最领先的市场之一上海，该产业都还没有大的专业赛手。一定程度上，本地服务市场千城千面，即使有强悍的竞争对手出现，在细分城市和细分赛道，依旧有足够的发展空间。

能力：以上3个环节已经决定了2017年的月子中心市场是个"好机会"。虽然从能力上来说，我对月子中心"一无所知"，没有专业的看护经验，没有连锁经营的能力，甚至没有匹配的资金，但是，这些问题都可以通过组合和借力完成，可以变通和调整。而唯一不能错过的，是千载难逢的时机！

深夜思考

1. 你之前的机会研判是按照何种标准进行选择的呢？

2. 以这4个要素进行分析，你面对的最适合的机会是哪个呢？你如何看待这个机会？

02

企业增速高于行业增速两倍

认知

很多企业家问我,老师我明年的经营目标怎么定?企业家对增速到底设在多少,并没有一个科学的目标根据;有时,企业家不知道当前企业发展得到底好不好,"想想我每年30%的增长够快了吧,我应该控制控制"或者"现在每年只能增长10%,是不是目标太低了"。

许多企业家同学对自身的目标节奏快慢缺乏评判的标尺。

大部分我看到的企业经营目标设定过程，其实更多的是多种情绪的交杂结果。例如，去年企业家觉得自身保守了，因此今年的目标就要设得"高一些"；例如，认为今年经济形势不错，所以目标要设得再高些。企业家拍着脑袋跟着感觉设置目标，那么管理团队也就拍着脑袋进行对抗和博弈。众所周知，大部分情况下，管理团队希望将目标设得低些，因为执行的人并不希望一开始把轿子抬高，这样只会给自己加压，而万一没达标，奖金可能都不保。所以，管理团队尽可能压低目标，尽可能超额完成。这样的目标博弈，其实都是空耗精力，毫无道理。

在我看来，目标的设立，完全是面对市场竞争的客观选择。

它既不是由企业家一厢情愿决定的，也不是经营层根据自身能力反复博弈决定的，而是由行业对你的要求，你对行业竞争的目标所决定的。

如果行业正处于高速发展期，全行业的平均增速是30%，那么你如果增长30%，只能说是全凭大势，完成了一个行业的平均分而已，绝对谈不上优秀。如果行业平均增速30%，你的增长是20%，那么你要警醒了，这说明你的各项水平连行业的平均分都达不到，有增长完全是因为行业处在风口上，而行业一旦停止增长，你可能会面临被动下滑的局面，好日子不会长。一个在行业高速增长期的企业，印证它优秀的标准只有一个，企业增速在行业增速的两倍以上。

企业上下努力的核心评判标准，就是要超过行业的平均增速水平。行业快，你要更快，这是行业对你的要求，而不是自己对自己的要求。

商业的最终发展结果是集中，随着周期的不断推进，竞争对手由多变少，大量没有竞争力的参与者只能被退出市场，因此，每一年的每一个时刻都是与竞争对手的赛跑。对每一位参与产业竞争的企业家而言，只有远超行业的平均增速，才能综合体现出你的领先竞争力水平，才是你超越竞争对手的最佳检验形式，才有机会穿越周期，成为最终在行业胜出的一批人。

所以，只要你的目标是成为行业的最终胜者，那么检验的标准只有一条，超过行业平均增速！如果要设一个目标，不管行业快慢，两倍于行业增速水平！

真实案例

我的学生A经营一家电商企业。在加入私董会前，A就犯过这个错误，后悔地跟我说，如果早日成为我的学生，可能过去不会做那样的一次选择。

A在2017年开始尝试短视频业务，当时正值短视频行业初期，抖音等平台刚刚出现。企业安排了一位年轻干部做这个板块的负责人，一方面是主要管理层不愿意干小业务，另一方面是年轻干部听话好安排。两年酝酿期，这个板块一直不温不火，年轻干部焦虑，企业上下把这个部门也当作赔钱买卖的边缘部门不受待见。2020

年,短视频行业大爆发,这个部门年营收一下子从不到百万元进入了千万元量级,占企业比也超过10%。板块负责人骄傲自满,想着卧薪尝胆总算不负众望,等着要一大笔奖金,企业也终于如释重负,想着熬了几年终于解套了。

在讨论接下来2021年这个业务发展目标时,年轻干部认为30%增长已经不易,毕竟团队年轻,去年的增长是自己带人拼死拼活干成的,所以2021年要稳一稳,缓一缓,稳扎稳打。企业老板觉得也有道理,想着30%的增长已经是企业增长最快的部门了,同时总觉得现在是短视频的好时点,30%的增长是不是慢了,所以不断做年轻干部的思想工作硬是将指标压到了50%。就这样,商量来商量去,企业按照增长50%作为这个板块的目标,并配置编制、预算、考核激励。结果大家想必猜到了,2021年短视频继续大爆发,许多企业抓住契机一跃而上,10倍级增长,而该企业轻松完成了50%的既定增长竟然还欢欣鼓舞,上下和谐。在全行业第一梯队看来,该企业的快速增长慢得出奇,好日子没过多久,这个赛道中的领先者纷纷进入亿元级平台,而该企业仅仅千万元量级,已经输了先手。

> **深夜思考**
>
> 1. 你企业经营目标设定的依据是什么?是快是慢?
>
> 2. 你企业所在行业的增速如何?你应该如何设定你的目标,才能够逐步向最后的胜者靠近?

03

点力量，生万物

认知

所有企业的扩张都有一个最开始的原点。

正如"一生二，二生三，三生万物"。这个"一"就是所有事物发展最开始的原点，最初的样子，最开始的模型，最基础的产品，最本质的模式……

无论是制造业、服务业、商贸业、农业、互联网企业……这些企业能不能做大，从它们最开始的模型就能看得出来，我们把最初的样子概括为"点"。这个"点"是成为未来"三生万物"的源头，扩张发展点的力量则称为"点力量"。

我见过许多企业，正处于市场成长期，却在扩张上遇到了非常大的瓶颈，体量就是上不去，发展举步维艰。如果详细了解一下，就知道根本问题出在企业一开始的"点力量"上。企业在扩张前，并没有很好地把基础模型、产品样板打磨透，根基是薄弱的，以不扎实的根基快速成长抢占城池，即使市场机会出现，企业顺势开始扩张，最终都会越扩张，压力越大，动能越弱，后方越不稳。这就是点效率不够强的表现。

这种情况是危险的。

单点不足够有影响力、有效率、有震撼度，就会成为后期扩张延续的障碍。在这个基础上的扩张，市场狂热的背景掩盖了问题，一旦潮水退去，就很容易全面垮台。

例如，在动力电池市场没有成熟前，续航能力在百公里左右的磷酸铁锂产线；

在充电桩市场模式没有跑通前，开始盲目扩张所谓抢占地盘的充电桩建设潮；

在没有明确市场正反馈前，盲目上马的电动车产线……

这些都属于在"点力量"不够强时的盲目扩张，而在后续的竞争中，终将成为"废铜烂铁"。

一家企业能不能走得远，看它的"点力量"就够了，见微知著，以小见大。

所以，我和我的学生说，每个企业家都需要自救，有一块"单点试验田"。

无论企业发展得多大，都要保持对"点力量"的密切关注，只有不断优化调整"点力量"，才能够不断催生企业的新动能。对点优化，对线也就事半功倍。

所以，企业开始新尝试的时候，都是成本最低、试错代价最小的时候，不应该盲目扩张，而应该全力以赴聚焦打造"点力量"。不能闭门造车，而是遍访天下样板，相互借鉴相互比较，最终塑造一个能够有足够生命力，足够复制力的"点力量"。这是许多企业开始进入新产业、新赛道时必须完成的关键动作。

不管企业大小，只要进入新产业、新赛道，就必须先在"点力量"打造上足够重视，忽视这个环节，盲目上马新项目，最终可能万劫不复。早期欠的账，后面都得还。

真实案例

我的学生A，早期进入了茶饮赛道，最开始通过个人投资加盟了某品牌连锁，积累了些经验后，尝试自己做品牌。A开始很自信，但是做着做着，发现自创的品牌在基础模型上存在着规避不了的问题。产品组合、价格定位、选址策略、品牌调性等并没有形成一个优秀的单店模型，但是茶饮赛道越来越火热，如果不趁着市场成长期把体量和规模做大，那么早晚会被淘汰。

后来，A并没有选择回到源头做一个单点，市场的发展阶段已经不允许这样做了，要顺势而为，不能错失机会。A在全国范围内寻找优秀的"单点模型"，找到了刚把模型跑通根基于内陆省份的某家茶饮公司。经过商谈，他与这家公司合作，成立了省级联营公司，茶饮公司出品牌、模型体系、供应链，他负责投入和扩张。在双方的强强联合下，几年时间，A在本省开出了1300多家连锁门店，而这个品牌也受益于单省势能，全国门店突破了5000家，成为中国茶饮的第一梯队品牌。

我们看到，今天做大的茶饮品牌公司，之所以能够做大，是因为优秀的"单点模型"及后期强悍的"运作能力"，这两者缺一不可。今天很多的商业无法做大，其实根源在"点力量"上，"点力量"不扎实，这是我们许多企业家要深刻反思的问题。

深夜思考

1. 你的企业的"点力量"是什么?在整个市场中处于什么水平?是否有竞争优势?

2. 如果你的扩张遇到瓶颈,那么应该如何再次优化"点力量",重塑增长?

04

技术创新让产业换代，模式创新让产业迭代

认知

所有产业的升级创新，最常见的就是"技术创新"和"模式创新"。

技术创新让产业换代，模式创新让产业迭代

例如，汽车是由燃油车向电动车时代的升级，本质上是电驱、电池、电控三大系统的技术升级，当技术升级到达一定临界点时，可平替燃油车的电动车便出现了。试想，如果电池只能够跑100~200公里，那么有多少人会买电动车呢？电池续航一旦能够突破500公里，那么电动车的普及渗透便呈现出爆发性增长的状态。这是技术创新带来的产业翻天覆地的变化。

那么在技术创新的基础上，还有没有更多进步空间呢？

有的，这就要进入模式创新的范畴。例如，有人投资做大量的换电站，为车主提供更快的充电换电解决方案，让车主不用为充电时间长而忧虑；有人希望汽车有更多功能产品，视频、音频或辅助驾驶；有人做汽车以租代售模式，让当前有燃油车的人，有更强动力置换电动车；有人做自主全研体系，甚至是全产业链制造模式，如车壳、电机、电池、电控都由自己制造，目标是将汽车变成手机，成本更低，普及度更高，更换频次更多。

这些所有的努力都属于模式创新的范畴，本质上，是为用户提供"多快好省"的更好体验。（见图23）

所以，技术创新就像台阶，是阶梯级的上升。在产业中，往往3~5年都不会存在技术上的革命变化，但一旦技术获得突破，就会引发产业的巨大变化，因为技术往往有绝对壁垒，而且容易获得专利保护，模仿的成本和时间都更加漫长！而模式创新，如同上坡，每一天都在发生，今天他想了一招，明天另外一个人又想了一招，你方唱罢我登场，是交替式的。但是模式创新进化的终点，往往是下一波技术创新的起点。作为一位创业者，要找到自身的进化方

式。如果要创新，到底走哪条路？或者手上做着模式创新，心里想着技术创新，两手抓，两手都要硬，才是最好的路！

其实国家间的竞争，也是如此。模仿模式是容易的，别的国家做连锁，我们也可以做；别的国家做互联网，我们也可以做。但是，真正的国与国之间的竞争，在模式上无法形成根本性的竞争优势，最终，技术才是国与国之间最大的竞争壁垒。从这个角度看，我们便知道西方发达国家为什么这么重视技术升级，特别是突破性技术。一次工业革命、二次工业革命、信息化革命，西方都领先全世界，获得了世界领导地位。那么，第四次工业革命的主动权在谁那里呢？

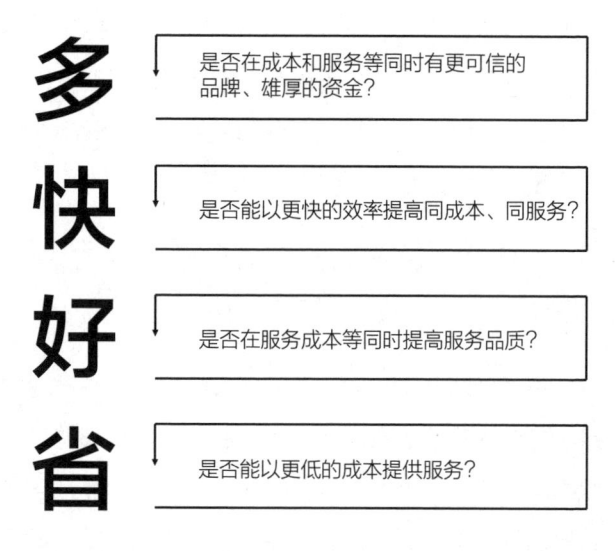

多 — 是否在成本和服务等同时有更可信的品牌、雄厚的资金？

快 — 是否能以更快的效率提高同成本、同服务？

好 — 是否在服务成本等同时提高服务品质？

省 — 是否能以更低的成本提供服务？

图 23　企业的"多""快""好""省"

真实案例

我的学生A是做外墙新材料的，该材料广泛应用于地产行业。他一直很疑惑，问我："老师，我的技术领先同行，但为什么产值一直上不去呢？好像客户对我的产品并没有那么必需，我们一直在技术上的投入，好像最后并没有转化成产值和收益。"我问学生："你的产品与竞争对手的产品有绝对的技术差异吗？形成了根本性的不可替代吗？例如，5G手机离不开高性能芯片，而4G手机只要用低性能芯片。"他说："没有那么显著，比竞争对手的性能高了一些，但并不是必需。"

我说："这就如同你在1的产品技术上做出了1.1版本的技术，但没有形成2这个根本不同的产品量级。所以，如果当下在相当长的时间内无法形成2，那么你的战略重点应该在模式创新上发力。在模式进化上要效率，而不是一直苦等技术上的优势变现。在技术上，1到2的变化是一个长期慢变量，你应该学会借力科研院所、大学等机构，否则企业的持续投入无法中途转化成效益，将会形成巨大的沉没成本。作为腰部企业，这是危险的。"

后来，我的这位学生果断地发力模式创新，采用了"新材料+工程施工"一体化方式，提高客户的响应速度，并降低交付成本，快速地扩大战场。而在技术上，他依旧重视，但转变为长期慢变量投入，通过借力合作方式降低成本。3~5年内以模式创新为重点，5~10年以技术创新为目标。

深夜思考

1. 你当前主抓的是技术创新还是模式创新？以谁为主？创新迭代的速度领先行业吗？

2. 在你的行业中，下一阶段行业进化的方向是什么？在技术上如何进化？在模式上如何进化？你的准备是什么？

05

轻的升级面是重，
重的升级面是轻

认知

到底是轻资产模式好，还是重资产模式好，这是许多企业家一直困扰不已的问题。

有人说，轻资产好。先收钱后办事，培训行业、互联网流量行业、股权投资管理行业、咨询设计行业、软件行业等，这些行业是我们通常认为的轻资产行业。这些行业所谓的成本，主要是由人力成本构成的，万一做亏了，亏的也仅限人力成本的范畴，总体还算可控。但反观重资产行业，投设备、投厂房、投原材料、投土地，地产行业、制造业、餐饮等需要线下实体的服务行业等，这些都是要实打实地投固定资产的。所谓重，是因为这些资产投下去，万一没做好，那就血本无归了。

对比下来，感觉轻资产行业明显要好许多。所以做轻资产，内心深处对于重资产的投入是很抗拒的，以自身"轻"的商业模式为荣，甚至内心有点瞧不上重资产，认为重就是"笨"。

实际上，轻资产与重资产是两种模型，就像一枚硬币的两面，没有谁绝对好或绝对差，两者对立统一才成为最后那枚闪闪发光的金币。

轻资产模式升级到尽头，最大的突破口往往就是"重"。因为轻到尽头没有壁垒，没有根基，没有长期，做轻模式进入门槛低，极易被别人模仿，一旦市场模式形成，就会形成激烈的市场竞争，想要做龙头很难。例如，一家培训公司先收钱后培训，就算培训了成千上万的企业，最终也很难形成自身的核心竞争力，与客户没有黏性，与老师没有黏性，最终一波风口过去，公司就没有价值了。做互联网流量的公司，推火什么产品就一大堆人做什么产品，因为你拿得到货别人也可以，你有的流量别人也有，最终这波风口过去，又需要重新找赛道和产品了，总是随风飘，没根！

其实，重资产模式，又何尝不是如此呢？一旦习惯了重资产模式，投大钱赚大钱，很多重资产老板对"轻"就没那么感冒了。例如，房地产公司，一个项目投资几十亿元，一赚就是几亿元，那么它对轻资产的业务就没兴趣。地方政府一直倡导做产业地产，产业与地产相结合，但是引入产业、服务产业实在太麻烦了，又没有如地产一般诱惑的大收益，因此大地产商即使觉得有价值，也不愿意做。今天，后地产时代，产业无比重要，它是地产健康发展的根基。但很可惜，上一个时代大部分企业，对此都没有真正的布局。重资产的再进化，方向不是更重，而是"轻"。如果这些大地产商，在巅峰状态去延伸类"贝壳"式的布局，我想，今天可能结果未必会没有回撤空间。

真实案例

一亿中流在企业服务领域的探索就是轻重结合。中国的培训和咨询公司为什么都做不大，到了三五亿元规模，就算到了天花板，却很多昙花一现又回到原点，本质上的问题就是轻资产的商业模式走到尽头，没有突破空间了。一亿中流从咨询培训的轻资产模式出发，依托我们服务的数千位企业家服务库，开始进入到更重的加速器领域，与地方政府合作，周期长达10~20年。一座加速器的改造投入就要上千万元到数千万元不等，但是依托于一亿中流的企业服务生态，我们有能力将更多的优秀企业家聚集在加速器中，集中发展。加速器的业务先投钱才能后赚钱，但是长期且稳定，能够实现稳定的现金流及利润。而有了规模化的利润，我们就更能够为企业家提供更好的培训、咨询、产业资源赋能，甚至承诺服务企业至2035年，更加提高了前端轻的壁垒。轻为重引流，重为轻打下长期基础，最后做出了"企服加速器"的创新模式，这就是轻重结合！

> **深夜思考**
>
> 1. 你当前是轻资产模式还是重资产模式？这个模式是目前行业的主流模式吗？
>
> 2. 你认为你所在的行业，未来的主流模式升级方向会是什么？

06

80%的标准化 +
20%的个性化

认知

个性化的企业能封神,但是极难做大。

米其林餐厅可以获得极高的口碑评价，成为"寿司之神"，但是难以商业化、规模化、资本化。设计公司可以成为"贝聿铭"，享誉全球，但是也很难传承、做大。个性化的事情，最终只能变成小而美，成为"艺术品"。

今天，我看到两类情况，一类情况是个性化的企业（设计公司、咨询公司、律师行、软件公司、定制公司等）想要做大做强，但做到一个规模，就没有办法再上一个台阶；另一类情况是一些大企业，想着办法为客户提供更多个性化的选择，以能够获取更多客户的满意度，但是过犹不及。

其实，这个问题的终极解决思路是"80%的标准化+20%的个性化"，这是所有企业发展状态的最终形态。

越个性其实越不经济，2000年前后，在日本人均GDP突破3万美金后，经济的一片繁荣催生日本老百姓的大量个性化需求，每个人都希望有自己的个性化表达，希望穿的衣服和别人不一样，生活方式是特立独行的，开的车子也和别人不一样……这样的需求让大量企业开始探索所谓的"千人千面"型产品模型。最终力图做完全个性化的企业的，基本都没做下去，但是作为企业，又不能忽视用户的这类需求。因此，以汽车厂商为例，一批人找到了问题的解决方案，生产出来的车80%都是一样的，一样的底盘、一样的系统、一样的内核，甚至一样性能的发动机，但是，车壳不一样，有的带天窗有的不带，有的带真皮座椅有的不带，有的带高级音响系统有的不带，有的带导航有的不带……就这样，给了所有人2的4次方16种选择，再提供6种颜色，这就形成了96种可能的个性化方案。每一个用户都选到了他所需要的个性化,但事实上是,厂商80%甚至90%都是标准化的,并没有改变大规模标准化生产的模式。

很多人会说,老师只讲标准化的东西,那多无趣啊。其实,你不了解,只有标准化的东西才能大规模地交付,才能以最低的成本让更多人享受到更好的服务,才能实现更多的服务普惠、技术普惠和产品普惠。如果都像古代的帝王黄袍一样做衣服,几个人能够穿得上?如果都像米其林厨师一样想做啥做啥,每天菜品都不同,那又有多少人能够享受?想要买更个性化的车,那么可以定制劳斯莱斯,有,贵!

当然,有同学会说,老师如果技术进步呢?如果未来世界进入人工智能时代,实现完全的机器代替人的状态,进入真正的千人千面是有可能的。但这需要真正的人工智能时代到来,这是后话。

真实案例

小而美的企业想要做大,必须找到其标准化的逻辑。一位学生问我:"老师,一家品牌定位公司,每个客户的需求都是不一样的,因此根本做不大。"我问我的学生:"假设你回到5年前,喜茶、奈雪找你做品牌定位,你会不会重新考虑一下如何与喜茶合作的问题?你是想单纯地和对方老板谈谈品牌咨询费多少钱,还是考虑用品牌咨询费入一点股,或者更进一步提出一个全新的解决方案?例如,门店设计及产品设计要不断升级迭代,能否我们共同组建一个联合体，共同为未来的全国所有门店做品牌赋能，甚至为行业外赋能，而品牌设计并不是我们的主要盈利，我们可以开辟一个为终端连锁提供装修交付或门店陈列的类产品公司，把我们的设计变成产品……回到5年前，你不能仅思考你的客户的这个设计方案，而是要从产业的角度看，鲜榨果汁市场是不是进入大爆发的成长周期，而在成长周期中我们是否应该找到真正好的赛手做重度赋能，而看到好赛手后是不是可以进行'品牌设计+标准产品'的延伸，进而把自身做大？"

很多小而美的企业不是找不到做大的基因，而是没看透产业给它带来的标准化的机会。

看透了，你就会理解，一亿中流为什么能从一家战略咨询公司变成一家产业赋能公司了。

深夜思考

1. 你现在的企业是多少的标准化+多少的个性化？

2. 你如何进化到"80%的标准化+20%的个性化"？为此你应该做哪些努力？

07

单点专业链条化，链条单点专业化

认知

到底做单点好还是全链条好，这是当下在商业中有争议的问题。有些企业做一个单点布局，有的赚钱有的不赚钱；有些企业做全链条布局，有的赚钱有的不赚钱。仿佛这个问题没有一定之法，其实，这是因为你没有透彻理解什么叫单点，什么叫全链条。

有些企业，研发、制造、物流、品牌、销售渠道完全一体化，看似是个最优的选择，因为所有环节都高度可控，每个环节都变成闭环模式，肥水不流外人田。

这种模式的好坏要用最终的结果来评价。如果你做出的全链条和别人做出的单点环节，如竞争对手只做品牌、只做销售渠道，最终都实现了10%的净利润水平，那么你的全链条可能就是一个相当糟糕的模式。因为你通过了所有环节的控制，才实现了别人单点环节的利润，只能说，你的每一个环节都没有独立生存的能力。当下10%的利润，是靠每个环节2%的艰难利润拼凑而成的，而一旦遇到激烈的市场竞争，你的每个环节都会脆弱无比。

真正的全链条是每个环节都应该创造出那个环节本身的价值，每个单点都是专业的，例如，专业的制造环节应该实现10%的利润，专业的品牌设计环节应该实现10%的利润，终端营销环节应该实现10%的利润，物流环节也应该实现10%的利润，多个有价值的环节环环相扣，最终实现了总规模的价值利润。也就是说，通过5个环节的控制，你应该获得远高于市场的平均利润水平，才意味着你有更强的市场竞争力，有巨大的价格和成本优势。一旦需要进行战略竞争，就可以通过强大的竞争力，如将利润"降"到10%的水平而换得巨大的市场份额，这是高维打低维的战略。

但今天，我们许多人只听到一半，听到全链条的好处，没有听到前提是实现各个环节的极致专业。只有把专业的单点连成一个链条，最终才能发挥全链条的优势；否则，弱弱相联，就会变成"一群小猪装在一个篮子里，沉得更快"。

反之亦然，一个专业单点型的企业，只在单点上做到了极致，最终获得单点环节的专业利润。即使很多同行需要全链条，但比起你的单点专业，也就打个平手，这个时候你会洋洋得意，别人费了九牛二虎之力，也不如你一人能打。但是，随着时间的推移，这个市场一定会出现将专业单点联合在一起的企业，一旦它出现，这个单点就会被迅速降维。因为两个专业的环节合并在一起，直接形成了2对1的局面，一旦那个2为了击败你，直接用2个人的利润下降一半，就直接会将专业单点型企业扫地出门，实现扩大数倍的市场规模。最终算下总账，利润率虽然下降一半，但是规模上升数倍，依旧是健康的增长。

所以，专业单点的长期进化方向，就是专业的全链条；而目前全链条型的企业进化的方向，就是将每个环节打造成专业单点。

最终的商业进化结果，就是大量专业单点构成的全链条！

真实案例

我的学生A是做儿童用品电商起家的，一年几亿元的销售额，在国内小有名气。后来，他开始推行全链条化，成立了自身的设计研发团队，有了自己的制造工厂，即所谓的研产销一体化。

这样的模式听起来没什么问题，大家也找不出什么毛病。但是这几年的日子越来越差，市场竞争已经达到白热化竞争状态，利润率也基本归零。而且，麻烦的是，如果不维持这个基本量，研发设计团队的开支就负担不了，工厂更会进入亏损状态。所以，哪怕不赚钱，甚至亏1~2个点，销售额都要保持住。这个学生焦急地来找我。

我安排专业团队进场调研后，给了他一个答案——"先拆后合"。

核心的原因，首先出现在内部，A的公司看似研产销一体化，其实，除了原有的电商业务非常专业，其他的制造板块、设计研发板块都很不专业。本质上，如果制造和研发脱离公司这个载体，它们连在市场上的生存能力都没有。强与弱，能不能具备独立的市场生存能力，是重要评判标准。制造环节的不专业体现在方方面面。重资产的厂房设备投资、弱化的精益改造能力、高启的库存，因为没钱向公司要、没订单向公司要、有库存公司想办法甩，这样的制造环节其实就是个"吸血虫"。后来，我安排A与某专业的儿童用品制造商进行了战略合作，与那家公司成立合资公司，对方大股东，A是二股东，A按照以前的内部价格给这家合资公司下单，这家合资公司有了A的稳定订单，就有了更强的能力承接市场业务，扩大规模和战果。最终联合的结果是，A不但能够影响供应链，同时节约了大量的管理时间，减少了总部的管控压力，减少了固定资产投入，最终获得了与这家合资公司的利润分红！同样，在所有设计研发环节进行"拆"的动作。而这样一拆，就变成了母体公司为控股平台，下属参股公司为具有专业市场竞争力的制造公司、设计研发公司，控股电商公司。

这一降一增，让A的公司很快轻装上阵，更有底气去直面终端市场竞争，一下子打开了局面！

这个改革的核心就是链条专业化！

深夜思考

1. 你现在的企业是单点化型还是链条化型？当前的问题是什么？

2. 未来实现大量专业单点构成的全链条这个终极目标的路径是什么？

08

联合，做增量，不动存量

认知

许多同学有疑问：老师说"整合期"最大的战略就是整合，因为任何的你死我活斗争最终换来的都是两败俱伤，只有合才能实现效率的集中化、价值最大化。但是现实情况是，大家虽然都困难，但是往往整合不到一块，到底谁整合谁，怎么整合，想整合又没有钱，有钱也不愿意买他的这些没用的资产……感觉大家都人心思合，但是一谈到深处，就谈不到一起去了，"各怀鬼胎"。

其实，对于中小企业之间的"合"，更多的并不是"整合"，而是"联合"。

看似一个字的差别，其实千差万别。

很多人喜欢用并购、收购、整合等词汇，在我看来，当用到这些词的时候，很多问题就已经产生了，走向了根本的对立面，意味着一方出局另一方接管，出局的那一方会带走动力，接管的那一方要面临诸多未知与风险，无论通过何种协议保障，根本上影响了经营的稳定。况且，中小企业间，没有本质上量的区别，你本身不是大哥，没有带小弟的能力，没有钱，没有弹药，没有超强的控盘能力，没有足够的资源盘面，这种情况下，谁合谁都是心有余而力不足。

所以，中小企业间，更多谈的是"联合"。

联合，指的是以下内容。

①合的关系是对等的，合作是互补的，是合作，不是从属或拼盘子。

你有几亿元，拥有全国市场，业务开拓能力更强；他有几千万元，区域深耕能力更强。其实是各有擅长，相互学习，相互借力。因此，合的前提是发现对方的能力互补项，合的是对方的优势，补的是自己的短板，反之亦然。不是一无是处的合，单纯地拼盘子。两个优势一样、短板一样的人合在一起，谈感情可以，谈合作没有意义。

②合的目标不是盯着彼此手上的存量,而是联合做得更好,创造新的增量。

到底合的是什么?是把彼此的资产合在一起?人马合在一起?钱合在一起?企业品牌都统一?这样的合,仿佛最终合的是形态,只有最终成为一体,才能最大化地释放效率。

但是,我们必须要找到合的节奏,否则,节奏没掌握好,连第一步都踏不出去。

为什么呢?因为一开始就合成一体的合法,彼此都会有深深的忧虑。万一合作不成,对双方都是巨大的伤害。所以,生子前,谈恋爱、同居、结婚的过程还是必不可少的。

商业层面,最优的方案就是,先合作做增量,增量做好了,再碰存量。

合得好,就是一家人;

合得中,大家做出了增量,彼此也不算浪费时间;

合得不好,你的还是你的,我的还是我的。

想明白这个事情,很多事情就有了"合"的基础。(见图24)

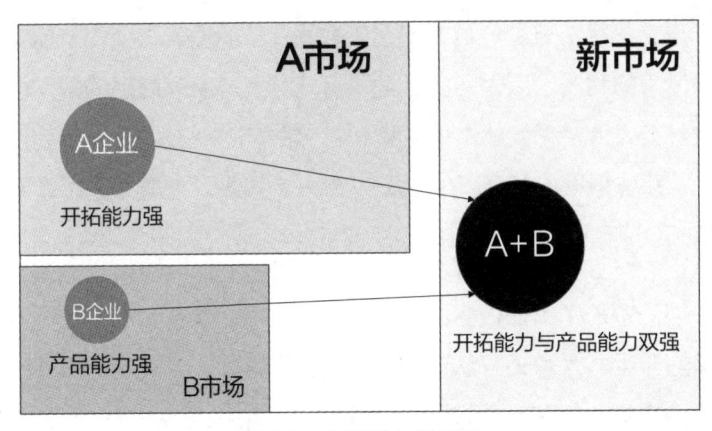

图 24　企业联合增量图

真实案例

我的学生A负责某省区域知名零售连锁机构。零售连锁，规模与供应链的成本控制有直接关系，也最终影响终端的市场竞争力和利润。

例如，20家零售门店，每家每年销售额300万元，那么总销售额就是6000万元。假设SKU有500个，那么每个商品平均就是12万元，如果终端、总部、供应链毛利合并30%~40%，那么对上游的采购金额就是4000万元左右，每个SKU的供应链采购金额就是不足10万元。

如果考虑主要采取加盟或联营模式，为了吸引人加盟，就要让渡足够大的毛利比重给终端门店，总部的毛利不足3%。利薄才能换来量大，量大才有利润。

以上的经济账，一旦零售门店数量变成200家，公司才能实现规模带来的利润。因为门店变多，自然对上游所有商品的采购形成更大优势，上游采购成本每下降1%，都能带来总规模0.5%利润的上升。采购量4000万元和4亿元不是一个量级。如果采购成本平均下降6%，那么终端利润就能够从3%长到6%，实现利润率的翻番！

但问题来了，在行业快速发展的过程中，该省出现了几个发展不错的对手，大家相互认识，A的企业算第一，但领先优势并不明显。A有300家门店，另外两个竞争对手也在200家左右的门店，3家各自有自身的优势城市，同时又在一些城市相互竞争，竞争就需要补贴，一补贴连本来就很微薄的利润都没了。三家都想合，也聊了很多次，因为大家知道这么打下去，相互捅刀子，谁都好不了。而且外省已经出现了上千家的龙头企业，有更强的供应链采购优势，一旦进入省内，结果可想而知。

后来，A把另外两位竞争对手都拉到了我的课堂，系统地听完合的逻辑，我安排团队给他们做了个方案，最终大家开心地合成了一家人。

这个方案的本质就是做增量，不做存量。

①三家企业各自的品牌、各自门店、各自资产、财务、人员，都保持独立。即你的还是你的，我的还是我的。

②三家企业先把供应链部门合并，成立联合供应链公司，千家连锁形成更大的供应链采购优势，为三个品牌和所有门店供货。在原有各自采购成本上节约出来的利润由合资公司占有。

③三家共同成立新的业务合资公司，选择三家之一的品牌，统一到新城市进行扩张，集合三家的招商资源，对新城市、新区域做饱和攻击，不打内战。

④当供应链及新业务合资公司盘面做大到超过存量规模后，进行存量的最终整合，统一公司合并走向资本市场。

当然，在这个指导思想下，我们的专业团队做了详细的落地执行方案，帮助三家快速地走向联合，既实现了更优的规模利润，降低了无效的恶性竞争，又确保了三家公司本身的领先优势，有机会冲刺省外，成为全国龙头。

> **深夜思考**
>
> 1. 你所处的行业目前在整合期吗？你或你身边的企业家是否遇到类似的市场情形？
>
> 2. 或早或晚，所有人都将面临行业联合，你准备如何与同行进行联合，共同做大？

09

在上升期把动作做满

认知

没有企业是可以永远保持上升状态的。一家企业的成长,往往是蛰伏一段时间,爆发成长一段时间,而后到了瓶颈后稳定或者调整一段时间,寻找突破后再向上爬坡一段时间……

总之，一家企业的发展历程不是一条直线，而是一条曲线。

经历过高潮低谷的企业家知道，在漫长的商业时光中，真正高歌猛进的时光永远短暂。

所以，企业在这难得的快乐时光，工作的重心到底是什么呢？

很多企业最怀念的是成长快乐时刻，从百万元到千万元，从千万元到过亿元……每年翻番成长，一切都是欣欣向荣，忙到分不清东南西北，累得两眼昏花，但是累并快乐！看着企业欣欣向荣，越来越多的客户，越来越壮大的团队，越来越大的战场，整个人就如同发条一样不断重复向前。

回顾这段经历，很多人都会将其理解为最成功的一段经历，但在我看来恰恰相反，评判这段经历的成功与否，根本不是你获得了多少的成长，而是在这难得的上升期中，你有没有充分利用这一段上升期，把穿透商业周期所需要做的事，所需打下的基础，所需聚拢的资源……把真正该做的事情做完做满！

有同学会说，老师，在这个阶段已经够累了，为什么还非要做这些事呢？

我充分理解这个阶段的繁忙，但更知道如果不在这个阶段把动作做满，就会错失最重要的行动时刻，而这些关键事项，又直接影响了未来的发展空间与竞争态势！

那么，这个阶段到底该做什么呢？

除了日复一日的企业发展供研产销运转外，企业家最重要的事情是聚拢各方力量、各方资源,将未来企业长期发展所需要的力量,汇集到自己的企业,由松散的合作方式变成团结一家人的计划。

一家企业,往往只有在困难时期,才会知道资源、资金对企业长期发展的重要性;一个人,只有在下雨时,才会想起粮仓上的漏洞。但是,到那个时点,你发现已经来不及了。

所有的力量都希望你快速成长的时候加入进来,成为一分子。因为车跑起来了,大家都想尽快地上车,来享受未来不断的增量带来的收获。但是一旦车停下来,你会发现,所有的"乘客"慢慢都想着如何下车,没有人愿意在一个开不起来的车中久待。企业遇到增长瓶颈时,想要争取好日子司空见惯的力量,难于上青天。

几乎每个企业家都会经历某一段的上升期,有的人趁着天晴把粮仓修好,有的人只是趁着天晴多收了些麦子而已。在企业的上升期,将战略型的客户、资源、资金聚拢在一起,这才是未雨绸缪、强悍自身体能、穿透商业周期的基石。

真实案例

某大型地产企业,在中国住宅市场高歌猛进的时代,不断发展壮大,完成了上市资本化,也完成了财富积累。但当全行业的所有大地主们都纷纷展开抢钱姿势,忙着天天融资、拿地、高周转造房,沉浸在一片欢乐场中时,该企业却"人间清醒",不仅引入了某大型国有企业成为核心股东，更打通了稳定持续的资金供给链。针对当时该企业的做法，行业内的主流声音完全否定，"老板胆子小""这么赚钱反而要图稳，混改后肯定没什么潜力了""为什么要和别人分钱，自己团队MBO(Management Buy-Outs，管理层收购)不香吗"？

当然，这已经成为过去式了。今天，中国住宅地产大洗牌，大量头部民营地产企业"兵败如山倒"，求着政府出手，求着国资入股相救，谁会去接一把落在半空中的刀子呢？而该企业一直屹立武林，继续稳定发展。我想，这时人们才明白这位企业家当时的智慧吧，在最好的时候，把动作做满。

某知名动力电池上市公司，这几年的日子可谓春风得意，新能源汽车渗透率的爆发式增长，让其赚得盆满钵满，甚至被戴上"行业茅台"的桂冠。

但是，这位企业家并没有被短暂的胜利冲昏头脑，趁着市场好，明明有庞大的账上资金，却不断地借助高市值状态大规模定向增发；与下游客户进行联合产线建设紧密绑定；与上游原材料企业进行长协合作……很多人难以理解，账上这么多钱为什么要定增稀释股份呢？明明这么赚钱为什么和下游共建产线稀释利润呢？这些想法，不正代表着相当多人对成长期的看法吗？

当我看到这家企业匪夷所思的动作时，竖了个大拇指，高手！

深夜思考

1. 你在过去的上升期,做了哪些动作?有哪些动作应该做而没有做?

2. 在下一个上升期到来前,你要做哪些准备才能让你在那个上升期不错失良机呢?

10

造势，不发声便永远没有声音

认知

今天的商业世界，造势异常重要。

一家企业如果没有势能，没有广阔的影响力，在这个成千上万的企业海洋之中就难以获得立足之地。哪怕你的产品再好，哪怕你的人缘再好，哪怕你的资源再好，在向外拓展的过程中都会处处碰壁。

每家企业都需要在信息爆炸的大海洋中"造"一座属于自己的岛，让别人能够看到你，看懂你。

当然，对于很多企业来说，没有那么大的预算，也没有那么多的渠道，无法广泛传播、广而告之，特别是一些制造业同学，不是2C的拓客方式，而是面积不大的2B推广。但我想说，无论你是何种情况，都一定要做几个基本功。（见图25）如果做好这几个基本功，就会起到四两拨千斤的效果。

图25 造势的四大基本功

① 必须要有可查证的印记。

不是在企查查、天眼查上面能查到你的企业的名称就属于可查证了，而是要在一些重要的平台上，必须有一些官方呈现，例如百科、词条和一些重要的企业战略合作发布的新闻。今天许多专业机构养成的职业习惯是见面先"搜搜"你。如果互联网世界中没有你的任何信息，首先对你就多了几分质疑——皮包公司？雁过留声，企业要把曾经的一些重要成就发在公共平台上，证明你的过去，证明你的存在。

② 一段可传播的内容视频或一篇软文

第一点是别人对你的搜索，第二点是你对别人主动的表达。

有很多同学非常不重视自己的表达，连企业的PPT简介都无法像模像样地传播。许多企业还不是行业龙头就等着别人了解你的全貌。我们的全貌要主动且清晰地告知于人。

试想一种场景，见面10分钟加了某人微信，我们通常仅是发了一则个人信息，就没有下文了。其实这样的交往毫无意义，可能1个月后，双方都不记得对方是谁，做什么的，这样的"朋沉大海"，在今天的社交社会中不会成为少数。原因就是你没有认认真真地介绍自己。当然，我们不能开始便给别人发一段长篇大论，但是精心准备一篇你的企业报道软文或一段短视频，顺手发给对方，这就留下了走向深度合作的机会。

朋友圈里的人并没有温度，但是信息赋予了他温度。

③ 一个完整表达的场景。

"场"是非常重要的一个概念，前两点讲的都是互联网世界中的表达，而这第三点就是在现实世界中的呈现了。在今天的社会中，相见不易。很多时候，能够去一家企业进行现场交流都是最大的诚意表现了。现在很多人的习惯是，能视频不见面，能电话不视频，能语音不电话，能文字不语音。这和以前的商业习惯正好相反，一方面是因为技术的进步，另一方面是因为人们对时间更加珍视了。

别人好不容易去你那里见一次见面，就空落落地见了个人，那么这次见面并不圆满。

所以，你需要一个完整的表达场景，可能是在工厂现场、企业总部、专门的设计展厅，哪怕在你的办公室，你都要精心布置一个能够完整表达企业价值、产品价值、发展构想的场。到了那个场中，确保别人能够感受你，再结合人与话，在他人心中构建一个立体的"你"。

④ 一个能够常新的阵地。

三周不见，面貌模糊；三月不见，名字模糊；三年不见，可能这个人已经在他人的脑海中消失了。你需要一个能够时常发布信息的阵地，官方微信号、视频号、抖音、小红书、B站等，今天的媒体阵地早就不是纸媒时代和电媒时代的垄断状态，而是人人皆可检索、发声的互联网时代。

你需要选择一个阵地，安排专人常常更新，告诉市场和关心你的人，你很好，会更好，欢迎合作。有些人会说，这样会不会打扰别人？其实，如果一个人真的不想关注你，他早就"取关了"，你影响不了不认可你的人。

一个常新的平台就是结交新朋友，激活老朋友的花园，让你过去的相识不会枉费。

以上4点看似简单，实则环环相扣，会使企业的传播效率简单且高效。

一亿中流早期没有传播力，没有影响力，靠的就是这4点逐步为外界所知。酒香也怕巷子深，找到一个正确打开势能的方式，打开势能，重视你在这个场域里面的点滴积累，持续发光。

真实案例

我的私董会学生A经营一家专注保时捷汽车改装的公司。

A讲述的创业经历，对"流量"可谓理解深刻。

20年前，当互联网时代刚刚兴起时，传统企业，特别是对于一家线下汽配店而言，互联网是遥不可及的存在。当时，A勇敢地做了一个网页，将自己的信息放在网上，逢人就推荐他的网站，希望更多人更全面地了解自己。很快，一个简单的网页给他带来巨大的成功，很多外省外市的客户因为看到了他的网页，而成了素未谋面的客户，传播的力量让他吃到了"流量"的红利！

就这样，一家线下汽配、改装车行，打开了传播力这个魔盒，一发不可收拾。

在搜索引擎时代，A又是第一批行业内竞价排名企业。

在短视频时代，A的视频号和抖音号，就是每天记录其改装保时捷的前后对比、操作过程，竟然获得了超百万的线上粉丝关注，全国大批用户闻名而至。

依托于强大的线上势能，我为A量身设计了他的全国化战略，相信不久的将来，各个城市都可以看到A企业的线下身影！

深夜思考

1. 你在互联网世界是"无名无姓的nobody"，还是具备四要素的活泼立体存在？

2. 在未来发展速度越来越快的传播时代，你应该如何造势，为更多人所知？

11

草种三遍,方能生存

认知

草种三遍,方能生存。这是企业家搭建核心管理团队的重要心诀。

经常有同学问我:"核心团队到底是原生派好,还是引入专业的职业经理人派好,到底是土派好还是洋派好?"这是几乎所有企业建设团队都会遇到的问题。

企业家在对人的问题上,往往是异常慎重的,再好的战略,也需要人来落地。很多企业家经常在各式各样的内外部人才间选择。

有些时候,企业家觉得老人靠得住,毕竟一路陪打江山,知根知底,遇到事情的时候能扛得住;有些时候,又觉得老人能力总是跟不上,和企业想要去的方向有点距离;有些时候,觉得外来的和尚更好,职业性更强,专业性更强,更懂自己;有些时候,又觉得外来的和尚有些华而不实,忠诚度需要考验……

这样纠结的用人状态,对新人、老人都没有共识性的评价,会直接影响团队心态。新人和老人在老板面前,竭力表现,相互拆台。

新人进来会认为老人不能与时俱进,处处是改革的障碍,这是他的价值,也是从你口中得到的"信号"。老人会不断提防新人的种种突破及所谓的不规矩行为,因为这是老人在你心目中的价值,充分彰显他的忠诚。

这是在把人推向深渊,把团队推向混乱。

造成新人、老人的问题,本质是因为他们成长的土壤不同,在不同土壤所种的种子,结出的果实不同。思维不同、认知不同,不同土壤混在一起,才出现了融合问题。

这里我要给大家一个黄金法则，叫"草种三遍，方能生存"。

所有好企业的核心团队，都不是一次性组建成功的。随着企业的发展，势必要不断引入新人才，也必然会替代部分无法与时俱进的老人。但是，新老班子不断产生的过程，其实是优势与优势结合的过程，是一次"杂交"的过程。创始人要学会如何让老人开放心态，迎接新思维；也要让新人学会如何融入企业优良的文化土壤，向老人学习过往的业务经验。只有将"新和老"有机融合，这个团队才能焕发真正的生机。

真实案例

最早听到这句话，是在我上大学时。我出任了北京大学高尔夫球协会的会长。协会要频繁地组织学生到练习场训练，组织相应的下场赛事。2005~2006年间，我印象很深的是，当我们下场打球时，看到的是美丽的球场和学生们糟糕的球技，糟糕的球技俨然成了球场的破坏者，下场就是"锄草"，一竿下去经常掀起一块草坪。

当时我就想，被这么折腾法，又是踩又是锄，这球场的维护成本得有多高啊？这账能算过来吗？这还不包括球场这么庞大的管理成本。我很好奇，便问相熟的球场老板。后来球场老板跟我说了其中的奥妙，他说："海峰你知道吗，球场它如同一个生态，如同一片森林。什么是生态？在一个森林生态中，之所以万物能够稳定生长，是因为各种动植物已经相互进入到一种健康的内循环状态，形成了一个生命闭环。"

所以，经营一个球场就像塑造一个生态，只有生态稳定下来，才能足够有生命力。

那么什么时候球场的生态能形成呢？通常是第三遍种草，生态基本就形成了。

第一波种下去的草生存能力很差，踩两脚打两杆，草该死的死，该枯黄的枯黄，很快这个球场就不成样子了。但没关系，不要着急，用另外的草种，买回来补种一遍。不多久，你发现球场的生命力强了很多，但这还不是最优状态。再引进一批新草，修补残缺，这个时候，三波草融合在一起，球场的生命力就全体现出来了。这个球场不是一波草，而是三波草的杂交融合。

此时，怎么踩、怎么锄，问题都不大，掀起的草坪放回去，自身也能继续存活，球场的自我修复能力很强。这时，高尔夫球场也会进入最佳维护状态，维护成本最低，经济效益最好。

我大学学习的专业是组织人力资源专业，对管理略有研究。当我听完球场老板的这番话，不禁想，管理与生态，多么奇妙的暗合关系啊。

今天我们搭建一个真正有战斗力，能力互补且有进化能力的班子，又何尝不是这样呢？

每个不同的时间，不同的阶段，进来的团队都是有时间的特征的。新人有新人的好，老人有老人的好，关键是当家人应该如何营造出新老融合的生态，促进生态和向上动力的形成；制造对立，制造绞杀，内耗最大的损失者不正是企业本身和企业家吗？

①理性看待各个阶段团队的优劣势，看到各个阶段的领导团队都有其优势，是那个阶段最优的种子。企业发展壮大的过程，就是不断新人加入的过程。社会上的人才供给量永远比"自我"生产量要大，开放是必然的，但所有新人最终也都会变成老人。因此，广交新朋友，不忘老朋友。企业团队的建设，新老搭配是永恒命题。

②绝不能借助新人、老人的博弈制衡，人为阻碍融合，甚至盲目替代。这种制衡是最糟糕的结构安排，是给自己挖坑，埋下了企业内部组织混乱的祸根。最后，虽然增加了"王权"，实际降低了"国力"。推动、塑造生态的融合才是组织建设的核心。所谓制衡，更多的是需要依靠通常的人才晋升通道及外部人才引进渠道来进行，而非依赖现有新老班子的彼此制约。

③开放心态，要有经营团队的耐心，"草种三遍，方能生存"。团队的经营，更需要时间的磨炼，不要指望一朝一夕的建设，这个过程是很难加速度的。任何成功企业的团队，都是在磨砺中塑造而成的。

深夜思考

1. 你的企业目前的团队生态搭建处在什么阶段？种草种到了第几遍？

2. 你的企业的团队目前新老融合的机制形成了吗？你为新老团队的融合做了哪些工作？

12

出场方式

认知

为什么政府重要工作会议召开时,领导进场大家均是全体起立而不是随意入座?

为什么重要会议领导要最后一个到场?

为什么重要元首出访落地全程要有接机仪式,一定要级别对等?

为什么一个新品发布一定要做个盛大的发布仪式,要邀请多方见证?

为什么领导发言前要有主持人做介绍?

每个人,都需要一个出场方式。在不同的场合,你需要不同的出场方式。

出场方式至关重要！每一个人都要重构你的出场方式。

地方政府公务员招商引资，需要拜访企业。但"招商引资人"这个身份好不好呢？许多企业未必待见，因为聊来聊去就是政府希望企业把产值、税收、工厂、投资放到当地，为当地做贡献。但企业为什么要把投资放到当地呢？于是有些地方政府就换了出场方式。

他们与企业交流：我们与某专业资本机构一起组建了一个政府产业引导基金，对你们企业非常感兴趣，希望借助产业引导基金来投资，促进企业更快发展。这时，企业家会不会更容易接受或者更希望、更期待见到你呢？当你以"产业投资人"的身份出场时，许多事情也许开始就很顺利！

再比如，你是投资人，经常会为与潜在被投企业的"斗智斗勇"而苦恼。因为投资人的身份一出场，被投企业为了拿到投资，就会口若悬河，说得天花乱坠。这时，投资人跟被投企业之间就会形成一种博弈关系。投资人戴着有色眼镜，拿着显微镜，无限聚焦企业的问题。而被投企业拿着放大镜，不断地把自己的优点放大。两边就像下围棋一样，彼此博弈，相互试探。这种出场方式不利于投资人与被投企业共识达成，极大地增加了交易成本。

那么换一种出场方式呢？投资人变成企业服务者、赋能者。当然，前提是需要具备真正帮助企业的能力。当你再次出面时，从企业的发展角度开始切入，与企业家共同探讨当下的问题挑战，机遇与资源，这些机会和挑战我们能不能一起克服，我能提供什么样的帮助……当走进企业家的心灵后花园后，再提出我们可以成为一家人,成为更紧密的合作伙伴;我并不是单纯做你们的顾问,而是希望能够成为你的股东,一起并肩发展,走接下来的发展之路。各位,你觉得这种出场方式会更好吗?

今天的商业时代,每家公司、每个角色都要思考一个重要问题:你用什么样的出场方式登场?你在别人面前到底扮演一种什么角色?我们都要思考一个问题:在家庭里你是什么角色?在公司里你是什么角色?对待下级是什么角色?对待外部合作伙伴又是什么角色?每个情境所需要的角色都不一样,你不能用工作的姿态回到家,也不能用家里的姿态待到公司。角色的错乱会让你的关系变得无比混乱。

当然,要想扮演好各个角色,就需要你有足够大的知识储备,能站在更高维度上去看:你的角色真正的进化空间在哪。要从招商人员变成投资人,要从投资人变成企业服务者,关键在于能力的提升。能力提升了,你就能扮演更多的角色;能力提升不好,所有的角色都扮演不好。

因此,所有问题还是根源于我们自己。提升能力,提高认知水平,提升你对各个事物全局面的了解水平,我相信,最终你的生活、工作、事业都会越来越顺。

珍惜每一次的出场,珍惜每一次结识,拿到每一次的结果。

一亿中流的出场方式:一体两翼。(见图26)

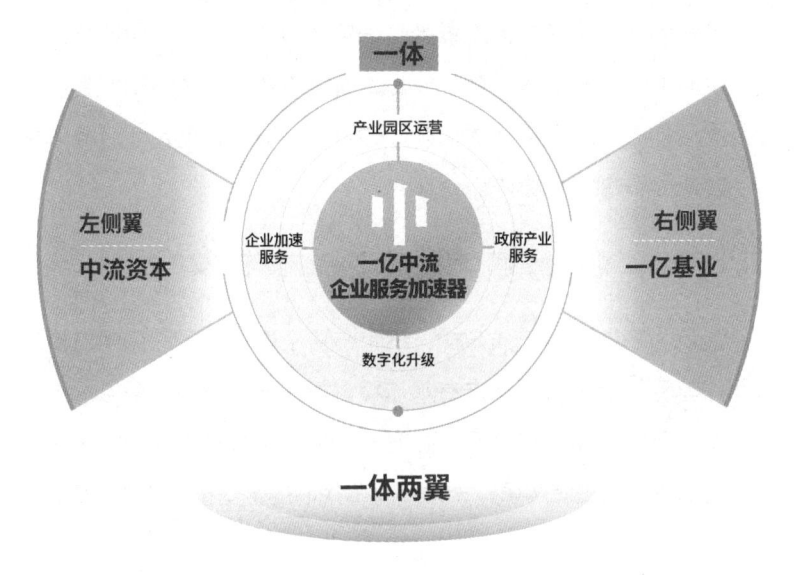

图 26　一亿中流的出场方式

真实案例

一亿中流在业务推广上有非常严格的程序和标准，我们重视所有信任一亿中流的商业合作伙伴，并有着最大的尊重。在涉及具体的意向战略合作前，我们一定会邀请合作伙伴到我们的标杆样板加速器现场。很多人说这个程序太麻烦了，我了解一亿中流了，用不着非去你那里一趟不可，或者你们直接到我这儿谈合作吧。

但是我很清楚，简单了解和深入理解，脑补想象和亲眼所见之间的巨大鸿沟。我们口头都能说明白"商学院+加速器+投资"的业务模式，但是真正到现场看过后，几乎所有人都会觉得超出预期！

在现场看到这么多的好企业聚集在一起集中加速、一亿中流全程陪跑重度服务，大家了解了我们核心的商业逻辑后，才会明白我们为什么用这样的方式开展经营，为什么要建设一个长期企业服务的平台，为什么需要线下载体等。

有了这么深度的理解，我们双方的合作便能够真正地深入了！

我们为了这样的出场方式，精心布置了近千方的一亿中流集团展厅，前后10余分钟的标准参观流程，每年升级翻新，至今已经升级5次。正是这样用心经营我们的出场方式，才能让合作伙伴每一次都感受到我们的真诚实意，大大加速了我们的全国拓展合作效率。

> **深夜思考**
>
> 1. 你平时的出场方式是如何"设计"的？有没有因为忽视了出场方式而造成了大量无效社交？
>
> 2. 接下来，你应该如何优化你的出场方式，避免无效社交，珍视你的每一次出场机会。

13

设置底线,不死长生

认知

商业进化的逻辑要做大做强,但是同时还有一句话是要做稳做久。很多企业只是一味做大做强,但没有做稳做久,特别是我们看到了一些貌似不错的企业一夜崩塌,更是唏嘘。

是因为企业大了，就会风险多吗？事实上也不是，很多小企业不也没有做久吗？做稳做久，和企业的大小无关，和一家企业的底线思维有关。

这个底线思维，就是企业规避核心风险的能力，不死才能长生。

今天很多企业犯了很多致命错误，死亡概率极高的错误，而这些错误几乎人人都会碰到，企业做得越好碰到的概率就越大。最终，好企业不是因为缺少机会倒掉，而是因为缺少底线而倒掉。

那么，一家企业的底线都有哪些呢？

杠杆：快速消灭富人的最强工具。人再有钱，只要放了超过自身规模的杠杆，就等于给自己带了一个定时炸弹，某一天会因为杠杆将自己的身家全部交出去。我看过很多有钱人，做投资也好，做企业也好，如果有1000万元，今年亏100万元，明年亏200万元，后面又亏200万元，起码后面的500万元还在手上，持续的亏损也会让企业有能力动态止损，虽然伤筋动骨，但祸不至死。但杠杆则不同，它充分释放了人的自信和贪婪，有1000万元，想迅速变成一亿元。靠线性积累太慢，要靠指数级积累就要用杠杆。放个3倍杠杆，这样赚了1倍等于赚了4倍，一次成功让你翻身，次次成功就会成为习惯。当杠杆成为一种习惯，赌徒不会认为自己是赌徒，赌徒也从来不会主动下牌桌，那么暴雷就成了必然。一次失手便万劫不复，数倍的杠杆就会成为消灭富人本金的最快工具。

当然，我并不是否认杠杆本身的价值，阶段性的、小比例的、有利于企业加速发展的杠杆，可以适度使用。但是，每一位企业家，一定要根据你所在的行业设置杠杆红线，永远以基本面的安全为前提适度使用，才能够长治久安。

短债长投：用短期的资金做长期的事情。每个商业机会的获利周期是不同的，有的商业周期实现速度快，有实现速度慢，那么当遇到不同商业机会时，一定要去匹配对应的资金时间。

长钱干长事，短钱干短事。你的自有资本能够接受5~10年的长期收益投资，那么这样做就不会有大的问题。但是你用借来的钱，临时抽调的钱，去做一个超长期的事情，那么这个事就没这么简单了。一些企业，明明是高周转行业，如住宅地产，资金的流通速度非常快，杠杆率也很高，到手的资金也都是短钱，这边收钱那边付钱。但是，一些老板错误地理解了所谓沉淀在账上的资金，抽走了去做超长期的生意，如矿泉水、汽车、影视等，这些业务流速就远没有这么快了。而一旦住宅地产板块遇到问题急需资金时，你会发现，之前抽出去投资的资金，远水解不了近渴。很多企业，用借债投股权、用现金流投资产，都是犯了这个错误。

多点出击：有些企业家，想干的事情太多了。虽然我经常讲，一家企业要不断地打开自身的边界，"吃着碗里的，看着锅里的"，但这绝对不意味着在同一时间段做过多的事情。业务的扩张是有节奏的，在某一个时间点，你做的事情要相对聚焦，战略要总揽全局，执行要分步实施，做事要有一定的余量。一家企业的"弹药"是有限的，一旦目标太多，弹药就不够了。我看到一些企业，因为"打得太满"，导致很多业务线投到一半，断粮，没有持续回血，又导致这些业务线变成持续失血项，一旦出现这个情况，企业的潜在危机就越来越大了。"拆东墙补西墙",哪个业务都舍不得断掉。企业出现问题可以集中精力解决,最怕的是出血点过多,这是受伤人的大忌。

担保:银行要给你朋友的企业放贷,但这个企业的资信不够,希望你担保一下,这貌似是个很正常的商业行为。你给了朋友一个信用背书,并没有涉及真金白银的支出,而且,你通常也对朋友的经营情况有个基本了解。但问题是,我们并不知道这条担保链的终点到底在哪里。A给B担保,B给C担保,C给D担保……这条担保链中只要有一个环节出了问题,就会造成整个环节的债务崩塌,因为他本身是依赖别人的信用借到了超过自身能力范围外的资金,所以,一出事必是大事。那么,当这个多米诺骨牌推倒时,你这里你能扛得住吗?所以,对于对外担保的企业,你要做好一个心理准备:你凭空欠了一个"隐形债务",而且这个债务的资金并没有到你的账上,而是去了别人的账户。担保这样的工具,我认为,天然是风险累加的表现,谁碰谁出事。

重仓陌生领域:什么是重度进入?明明不懂,是个新产业、新行业,但一开始就超大规模地进入,这是兵家大忌。无数大企业都犯过这个错误,乐视进入造车、新光进入能源和地产等,都是鲜活的案例。我一直和我的学生强调,一家企业是有边界的,一定要沿着自己的战略边界进行延展,摸着石头过河,总不会犯大错。但是,很多企业面对未知领域并没有敬畏感,在不知水深水浅的情况下,贸然下水且重仓投入,这样的做法,无疑是赌命。我并没有批判企业家的冒险精神,而是坚决反对这种动辄举全企业之力探索未知之处的莽撞行动。当然有些人会说,万一贾跃亭把车造出来了,这是否是成功案例呢？你要知道，这样的情况是以多大的浪费、探索、盲目投入为代价换来的。一家企业小步快跑，小步试错，逐步投入才是正确的新业务开拓方式，才不会把自己置身于危险和赌博之中。（见图27）

杠杆　短债长投　多点出击　担保　重仓陌生领域

⊗NO

图27　企业底线

真实案例

我服务过非常多成长期的企业，也参与过许多处在危急之中的企业拯救案，更见证了许多认识的企业"暴雷"。究其原因，出事的企业，本质上和宏观环境、行业变化关系不大。俞敏洪的新东方在面临国家教育新政的剧烈冲击下，依旧保证基本面健康，持续经营，最终获得了转机，这难道不是经营思维的最终胜利吗？哪有只涨不跌的市场，是市场就有风险。

出事的企业，从根本上就犯了以上1条甚至数条的问题。碰1条就是一个定时炸弹，碰得越多定时炸弹越多。以上5条是一家企业的基本底线原则。

浙江某大型民营集团A，主营机械制造，受益于中国城市化的大爆发，所属产业链大爆发，荣登民营500强。后续，随着企业经营实力的增强、社会地位及信用大幅增长，企业很快开始布局环保产业、食品制造、农业养殖、房地产开发，这些产业都是"八竿子打不着"，相互无法借力的产业。该企业经常对外宣扬集团的规模："产业有多少、板块有多少、涉及有多广。"最终，5条错误犯了4条，杠杆、短债长投、多点出击、重仓陌生领域，债务规模达到数百亿元，最终轰然倒下。原浙江知名女企业家，扎实经营，是中国一代企业家传奇，但后续轰然倒下，又何尝不是犯了这些错误。这样的例子，已经数不胜数，后浪企业家们，慎之又慎！

> **深夜思考**
>
> 1. 你身边的企业有没有触碰以上5条底线？你自身当前有没有触碰这5条底线？
>
> 2. 你的企业底线原则是什么，如何保证企业的"长和久"？

经营之心

高维增长

01

做企业是一种人生选择

认知

做企业,面临着"To be or not to be"的人生选择。

我们为什么做一家企业？针对这个问题的答案，决定了做企业的方式和方法。

在我看来，企业有四个层次，每个层次的目的不同，做法也完全不同。

① 开票的工具。

这是最普通的功能。开设一家企业，就是为了走走账，开开票，把个人经营变成法人经营，这是一家企业最基础的功能。所以这样的企业，用不着过多关注，因为它甚至没有投入。不需要财务部，找个代理记账公司即可；甚至不需要办公场地，找一个注册地即可……针对这样的企业，名字、功能都不重要，它只是一个做事的通道，有事的时候经营，没事的时候消失。像这样的企业，有千千万万家。没有人记得它们的名字，甚至设立的人都忘了他曾经起的名字。

② 生意的主体。

作为生意主体的企业是一个以稳定业务、稳定团队、稳定经营为目标的载体。企业不仅需要企业的品牌，也需要产品的品牌，更需要很多人记得它的名字。因此，企业需要稳定的上下游合作伙伴，需要重视市场信誉，需要银行的支持，需要实体的办公……此时，创始人和核心团队都用心地想把这家企业经营好、建设好，他们开始建后台、建系统、投品牌、投产品，但是大多数情况下，企业在本质上还是个生意的主体，虽然许多人很用心，但没有找到正确的方法。随着创始人动能的衰减、能力的减弱，这家企业就失去了持续的前行动力和生命力，最终的结果，依然逃不过逐渐衰退、消失。这些企业是市场上有实际经营主体的大多数。

③ **事业的平台**。

第三层次与第二层次的根本性不同，就是从一个人变成一群人，从一个火车头变成一群动车组，从没有战略目标地随波逐流变成有5年、10年甚至更长的远期规划，从一个人的梦想变成一群人共同的使命、愿景、价值观，从个人理性变为组织理性。创始人将这个平台建好，而后它成了许多人共同奋斗的平台。这家企业的股份结构不断地优化调整，能者上、庸者下，企业终于摆脱了对个人的依赖，解决了传承的问题，变成了一个有生命力的、有自身不断进化能力的组织。成就一个这样的事业平台，需要创始人有广阔的胸怀，"将私变公"。由经营一家企业，到经营一个平台，这是一个重要的飞跃。

④ **传世的作品**。

这是我理解的企业的巅峰状态，基于事业的平台之上，这样的企业已经不是由生意的好与坏、规模的大与小、竞争的强与弱来评估了，而是形成了一个类似于"大学"的系统，可以传世。企业有明确的思维、价值观，深入人心，它的后续若干代创始人，都在不断地继承和升华这样的价值观，虽然每个时代的领导者表现不同，有好有坏，但是他们坚持原则、固守新信念，如同针对一个家族的家规、族谱一般，继承历史、传承后世。强大的文化基因，让这样的企业能够穿越周期，以独特的文化与行事风格立足于世，为世人所知，跨越百年……

2015年，我在创立一亿中流时，写下了以下感悟。

企业是一个奇妙的作品。

做一家有价值的企业，就像构思及描绘一幅画，如果你将心注入，构思精巧，妙笔生花，终会成为与众不同的作品，随着时间流逝愈显珍贵，最终被人收藏、传颂、珍视。

但如果偷工减料，浅尝辄止，应付了事，就不过是一张普通纸上的涂鸦，看似也卖出了价钱，但终会在时光中化为尘埃。

社会财富的巨大积累，"当用钱的人比用心的人多时"，给了每一个人走上创业舞台的机会，财富不再是人们创业的第一追求，价值、意义、存在感、可传承、被尊重，将很快成为创业家的最高荣誉和稀缺资源。

企业最终会成为一种有价值的奢侈品。

> **深夜思考**
>
> 1. 当下你的企业正处在何种状态？此生，你希望将企业做到第几层次？
>
> 2. 为了达成你企业的终极目标，你需要做出哪些努力？

02

赋正能、注清流

认知

一亿中流的使命是
"为中国企业赋正能,为商业世界注清流"。

为什么有这样的使命？是因为当我们接触了成千上万家企业后，我们看到了商业世界的真实面貌——一个商业丛林。

在这个商业丛林中，有看得到的部分，也有看不到的部分；有参天大树，也有低矮灌木；有自生长的生物，也有依附于别人而生长的生物；有共生长的，也有绞杀他人的……有根子浅但冒得快的生物，也有看似矮小但根基深厚的生物；有昙花一现的，也有看似缓慢但年轮日积月累的；有看似美丽但有毒的果子，也有品相普通但可以饱腹救人的果实……有小白兔，也有猛兽；有白、有黑，也有灰……

你看到的商业世界全貌，真的就是一个生态丛林。

在商业丛林中，奉行的原则是"物竞天择、适者生存"。

我深知商业丛林的游戏法则，但还是需要做出我们的选择。

我们要"赋正能""注清流"。作为一家企业，我们用经验可以帮助企业做什么？我希望是"正"的事情。为了利益不择手段，用知识的外衣去包装一些割韭菜的实质，这些事情我们不是不会，而是不做。我一直和学生说，真正的战略是阳谋而不是阴谋。不是说这个战略有多么高级，而是好的战略，应该是一群人的共赢，而不是你死我活的陷阱；是企业与合作伙伴、客户间的长期利益共享，而不是非此即彼不可持续的价值损害。认认真真做好一家企业，是可能的，也是有方法的。

在丛林法则中，我相信也会进化出商业文明。

其实在我看来，做一家"赋正能、注清流"的企业，并没有那么难，它需要想清楚以下几个价值观原则。

①企业，是以真实价值创造还是虚无价值创造为基础的？

一些企业，尤其是皮包公司，挂着羊头卖狗肉，这样的企业并不少。在我看来，根基完全虚无的公司，其实质都不是想好好做事，而是只想"搞一票"。虽然一些人嘴上不承认，但是从实际行为上，一看就不是认认真真做事的人。做企业的人，应该是踏踏实实的，不投机、不忽悠，这样企业才能走得远。

②产品，有没有真正地为客户创造价值？

企业的产品体现了创始人的基本风格。踏踏实实为客户创造价值，赚取应得的利润，这是一家企业的生命根基。但是有的企业，根本就没有为客户创造价值，创始人也没想过真正地为客户创造价值，他们认为"把产品卖出去比交付、让客户满意要重要得多"，甚至大张旗鼓地宣传"先圈钱、后搞事"。在这些人眼中，客户就是韭菜。这样的企业，我不认为能活多久，迟早会在唾沫中消失。企业走得长远的根基，就是客户对你的价值创造的满意。

③发心，是希望你的合作伙伴与你共赢还是貌合神离地彼此算计？

从企业重不重视商业信用上，能看得出它的价值排序。赚钱的时候怎么都好说，赔钱的时候就翻脸不认人，都是对方的错；收钱的时候都好承诺，分钱的时候就开始吃拿卡要。有没有为对方多考虑，其实在事中一练就知道，好的关系是"敬人一尺还人一丈"，而不是为了蝇头小利头破血流。

④有没有推动了你所处行业的进步？哪怕是一点点？

我们做的事情，是让这个行业更进一步吗？有些企业，本质上做的事是让社会退步的。例如，利用互联网，把原来的假劣淘汰产品大肆推广，看似"9块9"，其实是害人精，但利用华丽的语言和高超的流量技法，赚得盆满钵满。劣币驱逐良币，这实则是社会的倒退。

当然，这些明明不好的事情为什么还有人在做？

因为"快"！因为更"容易"！

经历了这么多商业战役，我们并不是不懂这些，而是在经历之后，每个人应该做出自己的选择。我相信，用正确的思维、正确的方法，依旧可以走阳光大道，实现"容易"和"快"！做得安心、晚上睡得着觉，不会让人戳脊梁骨，我想这是商业文明进化中，大多数人最终的选择。

2019年，我发起一亿中流2035战略私董会，致力于陪伴企业家共赴2035，这不是一年的课程，而是一场跨越15年的长期陪跑。开始很多人并不相信，认为这和市场上大部分的班差不多，只不过换一个方式"割韭菜"。到今天，私董会的企业家已经超过1000位，从第1班30多位同学，到现在15班超过80位同学，学员分布在各行各业，越来越多行业知名的企业家加入，他们不是因为一亿中流的产品宣传有多华丽，而是在历届学员身上，看到了真切的改变；在一年又一年我们的付出践行中，看到了我们真正的发心。做1年，可能是空话；坚持了6年，这就是信仰。

我们每年的6堂战略陪跑大课、专业咨询师的服务、大量同事主动帮助企业将产业资源打通、耗时耗力每年坚持的季度和年度数百位同学参加的战略分享……是为了让更多的同学掌握高维战略、前沿商业、获得更多助力。大家看到了一亿中流的超预期付出，很多同学，用"感动""远超预期""这是最正确的决定"来评价我们的团队。真心会说话。

深夜思考

即使我们面临的是丛林法则，但你是否在践行"赋正能、注清流"？（让合作伙伴、客户、行业，因为你我的存在，进步一点点。这样的坚持，一定能换来回报。）

03

知行合一

认知

"知是行之始,行是知之成。"这是所有人学习王阳明都必学的真言,"知行合一",知易行难。

知,是对一个事物的理解,真的触达核心,触达本质了吗?

我最开始的职业是管理咨询，一做就是10年。这10年，工作成果应该是成就不少，从一个稚嫩的咨询师，一路成长为高级咨询师、业务合伙人、合伙人、高级合伙人、集团战发委委员；但是在自我认知的成长上，却是脱了几层皮，每一次都是"痛苦不堪"。我最早的咨询方向是企业的组织变革与人力资源方向，触达的是企业的管理最前线，根据企业的新方向重构企业组织架构、梳理部门职责、岗位职责、核心业务流程、管理会计和核算会计内容，并依据此制定各级管理层员工的目标、绩效、考核、激励体系，这是一个庞大的工程。例如，针对一家上千人的企业，3~6个月要完成对所有微观层面的调整。一开始，我做得很有成就感，但是不久后，我发现企业的组织效率能否发挥，最重要的是战略方向是否正确，否则在错误的方向上，所有努力都等同于白费，甚至是相反而行。这轻飘飘的一句经验，对我而言，是对原有组织体系的彻底推翻。后来，我开始从事战略、资本等方向的工作，才逐步将一张完整的企业图谱勾勒出来，从系统到局部，把短期和长期、先和后等很多大是大非问题搞明白了。正所谓"通了"。

但是，真的通了吗？

如果我真的通了，那么就应该去践行这套体系，做出一家企业，甚至是一家优秀的企业。

我开始思考：怎么指导别人做，自己怎么做。

2015年，我开始创业，很大程度上来自这样的内心动力，我要试试看，我知道的是"真学"还是"伪学"。

结果是，开始的3年，一败涂地。我掌握的知识，适合高空作战，但离最后一公里，缺乏通俗来说的"接地气"。这不是绚丽的PPT的规划，更需要感知商业世界的深浅、水温，要有真切地做的感觉。

知和做，一道鸿沟。

就如同一位米其林厨师，有超凡的技艺，但是如果不了解当地的食材、水质、气候，可能做出来的菜，远远比不过当地的苍蝇馆子。

早期创业的3年，因为起点高，犯错误的数量、规模都是巨大的。这巨大的代价，却让我收获了巨大的财富；我将我认知中的这段空白，扎扎实实地补上了。

也就在那个时候，我总结出了"顺势借力"的思维体系。

用顺三势和借三力来做成一家企业，并践行至今，让一亿中流开始健康生长，让我身边的大量同学开始塑造出完全不同的企业。今天，我之所以有底气站在讲台之上，正是因为过去的这段经历。

所以，今天我们到底掌握的是"真知"，还是"伪学"，实践是检验真知的唯一标准。

那么，是不是只要做出来成果，就是真知了呢？这也未必。

今天很多人做出了成果，很多可能是"天时地利人和"的幸运所获。怎么区分是幸运还是不幸运？检验的标准很简单，按照你的方法，是否能在其他地方如法炮制？

今天流行一句话，"靠幸运赚的钱，靠本事赔掉了"，讲的核心思想，其实就是你虽然做成了某件事情，但并不是因为你获得了"真知"。如果是"真知"，那么你应该在这个基础上能够不断成功。

如果"顺势借力"，只是适用于我自己的成功标准，那么这还不是"知"，说明这并不是规律，不是一个能够帮助大多数人的思考逻辑。所以，只有更多人都因此获益，才能说，"知"道了。

真"知"了，就应该"行"出果；真的"行"出果，做明白一件事，就应该参透它背后的"知"。

知行合一，牢牢地占据人生的两端，走到一端就要到另一端求证，这是一个人毕生的修炼。

深夜思考

1. 你的"知"是什么，践行了吗？你的"行"是什么，是否总结出了真"知"？

2. 企业就是我们"知行合一"的道场，你该如何提高你的"知"和"行"呢？

04

透过现象看事实，
透过事实看逻辑

认知

　　许多同学应该看过我的一段短视频——关于2020年"恒大全国房产7.8折大甩卖"，那段视频全网有上千万次的播放量。在那段视频里，故事的一开始，是在2020年新冠疫情初期，恒大的一则全网打折卖房新闻而引发的全民讨论，有人说，"平时买房子，求人降低1%的折扣都难得不行，现在7.8折这样听都没听过的价格，那还不赶紧抄底"！"恒大这么大的开发商都要打折卖房子了，房子肯定不行了，因此要跟着一块卖"！你看，同样一则新闻，有人认为是高点要抛，有人认为是低点要抄，当然有更多的人没有方向，只能原地不动。

视频中，我说道，在成功实践自己的观点前，我们每个人应该首先探讨的是这个新闻背后的事实，我们看到的所有现象，都要经过第一次处理——回归事实！

事实是，恒大全国近千个楼盘，所有打折的房产都在三四线城市，而一二线城市没有一个参与降价。这不是普降，是分区域和场景的，哪里应该去抄底，哪里应该去卖房，不能一概而论。大部分的人，不深究事实，就直接决定要抄底或卖房，这就是我们常见的，依据不真实的信息做出了错误的决策。

更深一层，我们要思考的问题是，为什么会这样呢？透过事实要看明白背后的逻辑和规律。

恒大背后的逻辑是什么？这些逻辑是不是有规律？只有把逻辑和规律搞明白了，我们才知道应该如何应对这个事情，才能有自己的真正主见，才有能够判断和选择的能力，而不是人云亦云。

从更宏观的角度，你会发现，房地产在每个发达国家都经历过类似的规律，从发达国家的城市化历史看，从人口迁徙的基本规律开始说起，所有国家房地产的终极规律是什么，为什么最终人口及资产会聚集在少部分城市，不是所有的城市资产都有未来。这是所有国家房地产的规律与逻辑，掌握了这条，你就不难理解为什么恒大会做出这个选择，以及中国房地产的未来在哪儿……感兴趣的同学可以去看一下这段视频。

今天，我们生活在一个信息大爆炸的时代，短视频、微信、新闻等信息满天飞，但是我们看到的世界，看到的信息，大部分都是真实的吗？我们以为的事实，大部分都是人为处理过的信息，是人们的主观想法。在这样的信息乱象中，如果我们只是简单依据这些真假难辨的信息，就开始进行个人的决策，那么对个人来说，就容易陷入迷失；对企业来说，就是经营决策的危险行为。

例如，你看到最近零食集合店很赚钱，这是事实吗？

你知道当前全中国开了多少家零食集合店？这个城市及区域又开了多少家？这个片区的饱和数量是多少？

你知道这家门店是加盟商赚钱还是品牌方赚钱，或是供应链赚钱？谁赚谁赔？

你知道这家门店的模型和其他家门店的模型有什么不同吗？

在这些事实不清晰的情况下，你是无法决定是否也要开一家门店的。

再例如，我们看到新能源汽车发展势头很好，但是，这是真的好吗？

这些新能源汽车企业赚钱吗？谁能活到最后，谁只是烧钱赚吆喝？

所以，要想变得更理性且更有决断力，不会被牵着走，那么第一步就是要拥有"透过现象看事实"的能力。看到的所有信息，先问一句"事实是什么"。不看一个人说什么，看一个人做什么；不看一则新闻写什么，想办法找到现场或亲历者了解到底发生了什么。看到了事实，你才有了判断的前置条件。

看到事实，最终是为了做出更正确的判断。在此基础上，再形成"透过事实还原规律和逻辑"的能力。找到这件事情背后的规律，为什么有的产品能火有的产品火不起来？为什么一些事情在一线城市能够成功而下沉市场就不行？为什么有的企业亏损但是价值巨大，有的企业很赚钱反而不值钱？为什么人都差不多，但是有的人能做大有的人做不大？

所有事实的背后都有一条底层的运转规律，当你找到这样的规律时，你就拥有了运用这条规律创造价值的能力。掌握一条小规律，如一个工作岗位的规律，就可以把一个职业干到最优！掌握一条大规律，如一个生意的运行逻辑，就可以把一家企业做到最好！

> **深夜思考**
>
> 1. 你的决策是基于现象还是事实？你是如何发现事实的？
>
> 2. 你发现了多少条底层的逻辑和规律，并且运用这些规律持续地创造价值？

05

领导者角色的转变

认知

企业由小到大,由生存到发展,一直在不断地发生变化。而一家企业的领导者,也必须不断地进行角色转变。

就如同一个人家庭角色的变化一样，小的时候是孩子，顾着自己，好好成长是重点；长大了要三十而立，要成家立业；到40多岁顶天立地了，要成为家里的顶梁柱、父母的依靠、家庭的保障……在生活中一个人的角色不能及时转变，日子就过不好。

对于企业，也是同样的道理。

一开始作为一个小老板，百分之百聚焦业务，处于活下来的状态。

待业务慢慢做起来，开始招一批人，不仅自己要冲锋陷阵，还需要推动大家把业务做起来，抓管理定机制。

到企业突破了一个规模量级，自己冲锋陷阵已经对企业的影响没有那么大了，重要的是用组织的力量，调动更多的内外部力量把一件事做起来……

每个阶段，领导者扮演的角色都是不同的，企业需要领导者发挥的作用也有根本的差别。

第一阶段：企业初创。

企业是扁平的，没有多少人也没有多少杂事，创始人可能就少数几个人。

这个时候，本质上创始人、法人、董事长、CEO、业务员，就是一个人。

"一个人，就是一个团队，就是一家企业"，所以对于企业家来说，要构思业务，也要将自己的所思所想落地呈现，一人多角。你既是这家企业的投资人，又是这家企业的管理者，同时也是这家企业业绩实现的第一负责人。这是一家企业刚起步时，创始人应有的角色。

第二阶段：由个人走向组织者。

企业慢慢步入正轨，业务有了起色，越来越多的人看好你的业务，也就会有越来越多的合伙人加入，一起把事情做成。这时，企业中不仅有合伙人，还有管理团队，业务部门及后台的各个部门也开始设立了。

有合伙人意味着什么？意味着这就是企业董事会的雏形。有管理层意味着什么？意味着一个人的工作要具体分配给所有的管理者进行，需要一群人的相互协同共同完成。这个时候，你应该扮演何种角色？

你要学会当合伙人的董事长，你要学会开合伙人会议（董事会），大家要集体商量决策，要形成合伙人层级的共识，有共识你才能调动合伙人的力量。你要同时学会开经营管理班子会议，要让目标贯彻落实下去。以前的你，领导自己就够了，自己怎么想就怎么干。但现在的你，所有的想法都需要先影响合伙人和管理层，这样当然也会影响你自身的力量，但毕竟，没有一群人，你的个体目标是无法实现的。

如果这个角色没有转变，你就会独裁专制，长此以往合伙人就会离你而去。为什么？因为合伙人认为他没有产生真正合伙人的意义和价值，没有参与，没有成就。如果你不进行管理层共识，长期也拿不到结果，管理层并不理解也不接受你的想法，哪怕靠一时的强压，也解决不了持续的动力问题。

当然，你会认为这样太麻烦，但是没办法，这是你必须要突破的角色转化。你追求的不能是个体效率的最大化，而是组织效率的最大化。你不能用自己的效率去衡量整个组织的平均效率。

第三阶段：外部战略股东进入。

企业真正的规范化治理阶段，需要更多的力量、战略投资人进入。合伙人也成为股东，管理层通过股权激励的方式也成为了公司股东。你的大家庭的最上方，有一个更高级的组织存在——股东会。而下方，有了第一层高层管理班子，中层管理班子，也有了基层管理班子。这个时候，你的角色再次发生变化。向上，你必须管理股东会，你的角色是"大股东"。面对所有股东，他们都是这个公司拥有者的一部分，你必须站在同等角度去关注股东的关切，平衡好股东关系及力量。大多数中国的企业，对股东的关注是严重不足的，如果股东力量发挥得好，可以调动各种股东力量，企业也会获得更大的支撑。"不把股东当回事"，早晚会被股东反制，混乱的股东会和董事会，都是企业的顶层灾难。

同时，企业的管理层级增多，你就不能像之前一样一抓到底，管到每一个部门、每个执行单元。你管不到那么细，必须学会抓大放小。问题出在前三排，关键在于主席台。你必须将第一层管理者牢牢抓住，通过他们将思想意志贯彻下去，否则主席台的一个人向左，就是一个大体系的崩坏。

这个时候，企业的创始人必须要将角色上移，将你的关注点放在结构效率的构建上，而不是运营效率上；否则，看似你抓到了很多问题点，但其实你忽视了更大的效率面。

第四阶段：公众化阶段。

大量的公众股东加入，这时，往往你已经走向了资本市场，成为公众公司。你的一举一动，都会在公众的监督之下，此时，你有几个选择。要么只做创始人，在股东大会层面行使角色；要么创始人兼任董事长，决策公司的核心战略及督导落实；当然，你也可以继续出任CEO，向下贯彻。

但是你要明白，这三个角色的任务都是繁重的。

股东的意志、董事会的意志，与执行层的意志往往并不统一。

有些股东需要短期结果，有些股东又是志在长远。稳定的价值上涨与分红是企业股东最关注的核心结果，而找到可能长期陪伴、长期主义的股东又是核心目标。而董事会的关注点，是要在股东意志和经营意志间做出平衡，既要考虑短期效益实现，又要考虑长期战略空间；既要考虑价值实现，又要考虑短期利润，需要上下平衡。而经营层的关注点，是每一年的目标任务，干得好继续干，干不好董事会直接换人。每个角色都有巨大的价值与工作量。

有时我看企业家的名片，发现很多人写创始人、董事长或CEO，但几句话聊下来，其实根本不清楚他的核心定位，这之中大有文章。随着企业的壮大，创始人必须扮演当时最重要的角色，扮演不好，角色不对，事情就做得很辛苦，企业的关系就会很混乱。

股东会就是股东会,董事会就是董事会,经营班子会就是经营班子会,执行层就是执行层,体系都要分得清清楚楚。每个人扮演好自己的关键角色,为自己的角色负责,而不是任何人都可以扮演任何角色。创始人的定位不清,进而就影响了整个企业核心力量的角色不清。长期来看,企业壮大的过程,就是组织理性不断地替代个人理性的过程,这是组织走向基业长青的必经之路。

深夜思考

1. 你的企业当前在什么发展阶段,你应该扮演何种角色,角色清晰吗?

2. 从长远看,你的角色应该如何升级,你应该锻炼何种能力来胜任这个角色?

06

年轻人的成长轨迹

认知

人需要一个积累的过程,特别是在年轻的时候。

很多年轻人问我:"老师,20、30岁的年轻人,应该在企业里打工,还是出来创业?"

其实,是打工,还是创业,我认为在这个年龄段,并不重要,在这个年龄段,你应该做什么,才最有意义和价值。

在这个年龄段,很多人认为赚到人生的第一桶金最重要。

但在我看来,这个年龄赚到的钱,永远是你人生事业长河中赚得最少的钱。

人生规划也是一次战略规划,年轻时,关键的战略举措就是为你未来的30~40年,打下奋斗的基础。最重要的目标是,存钱不如存能力,存钱不如存信用。

① **存钱不如存能力。**

年轻时,是一个人职位最低,成长最快的时候。职位低,是个好事,虽然很多人非常希望步步高升,但是往往你在职位低的时候,才能有很多机会向上请教,获得过来人推心置腹的中肯建议和经验传授。职位低,意味着说话的机会少,而听话的机会多。多琢磨多吸收,多听少说,这对一个人的成长是很有帮助的。在这个年龄段,学习的效率是最高的,到了40多岁,很多学习的效率已经不高了,但年轻时,甚至可以锻炼"隔夜求知"的能力,过目不忘,做什么事上手都很快。

年轻的时候,"5+2,白+黑"是个褒义词。多找上级揽一些活儿,哪怕付出与回报不绝对成正比,但你要知道,能力才是以后一辈子衣食无忧的基础。"早压担子快成长",多给自己一些压力,只要压不倒,就往"死里压"。

年轻时,不要频繁换方向。锻炼一种能力,从懂到会、从会到精都需要一个过程。但我经常会看到年轻人这山望着那山高,频繁地切换方向,其实非常遗憾。找一条路,用3~5年以最快的速度爬到山顶,不到山顶不换路,这才是最佳的成长方式。你需要有几门看家手艺,任何时候都饿不死的手艺。

年轻时,"潜龙勿用",无论是创业还是打工。这个时候,不要着急表现,如果是创业,没有必要追求30岁以下进入30岁精英榜。出道过早在创业这件事上不是什么好事,涉世未深就身居高位,有不对称的野心,往往就容易栽大跟头。创业不是演艺圈,吃青春饭,创业是老酒,历久弥香。

年轻的时候,少一些社交。这个时候的社交,大部分是浪费时间,你进不了资深圈层,在同样稚嫩的年轻人间也学不到什么有用的事,与其进行大量无意义的抱怨和互诉衷肠,不如多用点时间在业务上。

② 存钱不如存信用。

年轻人攒不下什么钱,攒下点钱也就仅能聊以慰藉。

与其如此,趁着年轻,不如好好攒下些信用,把信用账户垒起来,比那点存款数字有意义得多。

无论是未来的职场晋升,还是创业打江山,你都离不开最开始的支持者、贵人。

那么这些支持者、贵人凭什么支持你呢？

因为你有钱？颜值高？能说会道？年轻？

我想都不是，最本质的，是因为看好你这个人。那么，凭什么看好一个人呢？

我想这些过来人，这些帮助你的贵人，愿意赠人玫瑰，帮年轻人一把，是因为看到你身上有未来持续向上的重要品质，如诚恳、拼搏、诚信、好学、知恩图报……看到了这些贵人自身年轻的样子。

总之，虽然年轻，但你是个"靠谱"的人。

年轻的时候，你可能对"靠谱"这两个字没有太深的体会。当你见过足够多的人和事，你就知道"靠谱"是对人多高的评价。能扛事、不轻易承诺，但承诺必达、万事精益求精、先人后己、万事有交代、说到做到……你的信用账户，就是贵人对你"靠谱"程度的评估分数。

我在创业之前，经历了近10年的苦练，10年不抬头，才打下了坚实的企业战略与经营基本功。

10年时间，我没有换过单位、没有换过战场，身边很多人寻找了所谓更好的机会，但是我用"最笨"的方式，结硬寨打呆仗，和自己死磕，一条路蒙眼狂奔反而跑得最快。因为原有的能力积累和过程中累积的信用账户，让我创业时获得了诸多企业家的支持。虽然开始几年异常坎坷，但终归这个"靠谱"的人设还是保住了。保持至今，对事有交代、对人有交代、坚持将一件事做得有始有终。今天，我看到这样的年轻人，都不由得想到年轻时的自己，想到2007年开始一头扎进管理咨询领域的自己。

无论是职场晋升还是拼搏创业，全身心地累积能力和信用，都是一个年轻人最重要的成长轨迹。

深夜思考

1. 如果你已不再年轻，那么之前的你走过这样的轨迹吗？如果你正年轻，你的人生战略是什么？

2. 你身边是否有这样的年轻人？多重用这样的年轻人，赠人玫瑰，手有余香。

07

苦练自身vs向上社交

认知

在这个快节奏、浮躁、碎片化的时代里，非常考验一个人静下来复盘进化的能力。

有些人吃了一辈子亏，都没有静下来总结出一条经验；有些人无法将成功持续，本质上是没有找到背后真正的规律；有的人一直走，但是心灵已经无法跟上脚步。

当你走了一段时间的路时，就需要找一个地方休息下，让心灵跟上脚步。在持续的商业拼搏中，你我都需要一个独处的时间进行思考和复盘。曾国藩说"慎独"，一个人独处的时候，也要像旁边有人在监督你一样。独处的能力，在今天成了一种稀缺的能力。

我的独处，往往选择在出差的飞机上。飞机上没有任何一个人能找到你，两个多小时的旅程，晚班机的昏暗，往往是我开启大脑清理内存，去伪存真的过程。

最近的事情，哪些还不够精进，有什么收获和反思，如何做得更好，能够总结什么样的规律和经验，在一张小纸条上写写画画，自己和自己对话，形成一次系统完整的思考过程。

两小时，既是思考，又是放松，一周哪怕一次，足以作为人生路上短暂的加油站。

不积跬步无以至千里，没有一个个的两小时，就没有临界点的突破。

有些时候，若干次的复盘，总有一次意外之喜的突破，就像打游戏，过几个小关后就有一次过大关的喜悦。

《高维增长》及各位正在看的本书，都是我在飞机上所思所想总结而成的，没有这样的点滴积累，也无法形成一套完整的体系。

写一本书，对我个人而言，重要的不是结果，而是写的过程，因为这个过程，恰恰就是对我自身体系的大反思和大总结！

有人会说，老师你的意思是不是绝大多数成功者都是内向的人。这曲解了我的意思，我更认为，世界上大多数有成就的人，都擅长独处与思考，都是持续的进化者。"向内求"不是"内向"。

人的成功，并不由内向和外向决定。马云很外向，挥斥方遒，人们非常喜欢听他讲话，也有许多人模仿他，学习演讲、学习表达。但演讲并不是马云的职业，他需要通过演讲影响很多的行业、企业和消费者，马云依旧有他的"向内求"，有他的独处时刻。张一鸣很内向，温文尔雅，半天蹦出两句话来，没有太多的长篇大论，但也不影响他把头条做得越来越大，引领时代。成功的人，有外向，也有内向。

成功的人，都有一个共同的能力，"向内求"。

一个人的成就取决于一个人的认知。如果一个人静不下来，他的思路往往就会天马行空，飘忽不定。失去了自省的时间，就没办法把事情的条理分清楚，先做什么后做什么，什么真重要什么紧急而不重要。一位决策者，失去了这样的深度思考，就难以再进步。就像一些人，"忙"得连一本书都读不进去了，看了无数条短视频、看了无数条朋友圈信息，无法离开手机1小时。这样的人，最终很快会在信息海洋中迷失。

我当前的角色，既是老板，又是很多企业家的老师。

说特别重要，说得也很多。

但是对我自身而言，想比说更重要，听比说更重要，做比说更重要，"向内求"比"向外求"更重要。我进步最快的时候，往往是我独处的时候，"向内求"的时候，不说话的时候，想事情的时候。如果我没有持续的"向内求"，就不会有持续的思考和升华，不与时俱进，就会吃老本、谈老调，早晚成为拥有陈旧知识的人，最终被淘汰。

"说"，"向外求"是最后的输出，而听、做、想是说的前提，是"向内求"。

今天许多企业家学错了方向，明明没有输入，但硬要学输出，学短平快的东西，这是鹦鹉学舌，鹦鹉并不知道说的是什么意思，只是单纯地说而已。

静能生慧，寻找让自己静下来，"向内求"的方式如下。

①找一个独处的时间，没有外界的干扰。

②不断地反问自己。"否定之否定"，是自我革命的关键；

③有一个复盘的习惯。几点收获、几点反思，记录下来。

④看一本好书，听一堂好课，沉浸进去，研究系统、研究逻辑和规律，回到"学生时代"。

深夜思考

1. 过去若干年,你进步最快的时候是什么时候?你的认知体系是那个时候形成的吗?

2. 你是否拥有你的独处时刻?你"向内求"的方式是什么?

08

小错不断,大错不犯

认知

"小错不断,大错不犯"是我在与一些中国顶级资本参与者交谈中学习总结出的。在商业世界中,同样适用。

我很好奇，顶级投资人到底具备什么品质？是每次"要么不出手，出手必稳赢"吗？按这样的标准，恐怕今天任何人都无法胜任，这是个绝对理想化的状态；而如果有人有这样不切实际的追求，并且想练就这样的极致能力，那么到最后可能一无所获。

"追求极致的精准度是没有意义的"，这是某大佬和我说的原话。在期货或股票交易中，不可能有极致精准的赛手，保证每次出手均是"赢"，连机器人都无法胜任。没有完美的交易，顶级的高手，背后是严谨专业的完美"交易规则"。

每次的出手，建立明确的规则。如5%的回撤就要坚决止损，接受不精准，接受试错，但不能犯趋势性错误，有侥幸心理，这会将一个小错误变成大错误。

顶级的高手会一直参与市场，保持参与，才不会错失大的机会，哪怕参与的时点并不好，但是严格执行建立的规则，就能保证损失可控。当真正的大行情来临时，他的参与点变成了黄金时点，这时就要顺势而为，趋势不破坏，交易形态不破坏，稳坐钓鱼台，享受真正大的红利，绝不能错失这个时点。长期坚持，小赔大赚，总体向前。

所以，小错不断，意味着可以忍受5次5%的回撤，哪怕亏损了25%，但是主要的仓位是安全的，没有出现系统级的风险。大错不犯，意味着不会错失趋势性的机会，只要抓住一次机会，会获得数倍的趋势的红利回报。

所以什么是顶级的交易高手？"小错不断，大错不犯"，而绝不是"小胜不断，大错必犯"。

我的一位学生，从事二级市场投资，虽然他并不算经营一家企业，但他希望学习如何理解一家好企业，如何发现一个好产业及好赛道。更多商业的深度思考有助于他制定投资策略。这几年，他说他的收益很不错，看懂了更多产业和赛道，也看懂了更多企业的战略及市场。

当我讲到"小错不断，大错不犯"时，他特别有感触，和同学们分享他的心得。

之前，他总在追求天天发现新股票、新热点，并追求每只股票的得与失。跌得多了不高兴，赚得少了不高兴。后来，终于明白了什么是他的小，什么是他的大。

他的大，是要看懂好产业，看懂好企业，所有的投资应该以此为前提；

他的大，是坚持稳健且持续的投资风格，不是1亿元投资100家企业，而是1亿元投资3~5家企业。

他的大，是只做右侧交易、坚持回撤止损原则，哪怕好企业也有周期……他形成了一套投资铁律，最终，成为这个市场的稳健派、获利派、长期派。

做企业，又何尝不是如此呢？

做企业，许多人非常重视在小战役上的"得失"，在具体问题上极致地顺利、尽善尽美，这当然也是专业精神、极致精神的体现。但是往往我们看到，许多今天成功的企业，恰恰其成功的逻辑不是靠极致的精准，而是"干对大事，不犯大错"。

大部分人是愿意待在自己的舒适圈里的，因为在熟悉的领域、所谓专业的领域，犯错误的概率更小。但一家企业的发展，大的机会，往往是走出自己的舒适圈，要进入新趋势、新赛道。

企业务必要对新事物有足够的包容度。积极地探索新业务、新模式，在风险可控、大方向上正确的前提下，积极的尝试是必要的，你需要保持参与新市场、新机会的热度，你要在市场的趋势中不断探索。参与的时点、切入的角度，不可能一开始那么精准。因此，对新事物的尝试，要有一定的包容度，当然，对新事物也需要设置"止损线"，既不能次次命中也不能无底洞式地探索。

大家无法接受小的试错，或小错误酿成大灾难，最终只会在内部扼杀创新的基因，一两次后，大家不愿意再尝试新事物、新机会，只会退缩到自身的舒适圈中。

而这样，企业面临的将是更大的、一轮又一轮的新机会的错失，进而自身的老业务也面临淘汰，这才是真正的"大错"。

深夜思考

1. 什么是你有可能犯的大错误？什么是你身边"无伤大雅"的小错误？

2. 你平时是否在小错上过度纠结，反而没有在大是大非问题上花够时间？

09

"反特质",优秀企业家的共同点

认知

越成功的企业家,他身上越是没有老板的典型特质。

他虽然身份是老板,但他一定能超越老板的身份。

我服务过非常多优秀的企业家,在这些企业家的身上,许多大众眼中所谓企业家的标签和特质,往往并不明显。真正让大家欣赏的,是他们身上的一些"反特质"特征。

什么叫"反特质"？

① 全知全能vs空杯心态。

大部分企业家是全知全能型的，因为他是企业里面的领头人，平时要面向各种人，解决各种问题，帮助各种人、教导各种人、"摆平"各种人，所以他长期扮演的角色就是一个全知全能型的老板，他是超人。在这种状态中，他就形成不服天、不服地，只服自己的一种状态，只能听他怎么说。他听不进去别人怎么说，甚至用自己的非专业对待别人的专业。这样的企业家，最终很难走得远。产业、赛道、商业、竞争对手都在进步，如果一个人一直以王的姿态对待所有的新生代事物，高高在上学不进新知识，听不进各方声音，哪怕他再强大，也很快会被时代抛下。一个人的时间精力是有限的，不可能所有的事物都在自身的认知边界以内，要想不被时代抛下，就需要走向反面，拥有"空杯心态"。

能够不断清空过去的自己，装得进新思想、新知识，能够"先听再想再说"，这样的企业家，让人惊喜，会有更多的专业力量愿意聚拢到他的身边。作为一位企业家，别人当然会听你的，但更重要的是，你能不能听进别人的。

② 情绪波动vs情绪稳定。

很多企业家的情绪并不稳定，因为每天都要面对太多形形色色的事，有开心的好项目、有重要客户的抱怨、有白天解决不完的问题，也有晚上推杯换盏的酒局。在每天高度紧张、大起大落的环境下，外加没有来自周围的控制约束，因此，一个人喜怒形于色是本能。开会的时候发火拍桌子，遇到好事乐极大喜。

与之相反，有些时候一家企业的管理层倒是情绪稳定，上有老板下有职员，要平衡的事情很多，需要一个稳定的状态面对各种问题。

但我看到的很多高手则是情绪控制大师。很多时候，你看不出他的情绪，遇到问题沉着冷静，获得巨大利益而纹丝不动。控制自身的情绪，让情绪为己所用而不是被情绪牵着鼻子走，这样的人才能掌控更大局面，在大风大浪中心如止水。

③ **套路vs真诚。**

老板套路多，这是很多人对老板形成的固有印象。

"无商不奸""狡猾精明"是当人们看到商人做了不好的事，很多人脱口而出的评价。商场很复杂，很多时候确实需要老板八面玲珑，下意识地精明是老板不自觉的动作。

对下属"PUA"，对外包装讲故事，画大饼，圈资源……我看到的很多优秀企业家，并不是沉溺其中不能自拔，心机越来越重，套路越来越多，反而是走向反面。

越来越真诚、越来越简单。因为看到了很多套路而不想套路，因为经历了尔虞我诈而向往简单。

大家不断的表演就像皇帝的新衣，彼此不说破但又没有实质意义。与其如此，不如简单直接，有话直说，有话好好说。让员工觉得老板真诚，有话说话，有事说事，对错明晰，赏罚分明；对客户有一说一，说到做到，争取客户的长期信任；对合作伙伴实事求是，将利益摆在桌面上，各让一步。久而久之，这样的处事方式，企业家身边就会聚起一批挚友。这其实降低了大家的交易成本，让做人更简单，做事更简单。

这样的"反特质"，其实还有很多。优秀的企业家就是走向大众偏见的反面，他们不是不会阴谋，而是信奉阳谋才是顶级的战略。

深夜思考

1. 你身边有没有这样的"反特质"企业家？你与他的交往密切吗？

2. 你认为还有哪些品质是优秀企业家身上的"反特质"？

10

强者与弱者的区别，从"本我"到"超我"

认知

今天我们要如何分辨一个人是强者还是弱者，貌似很难，因为维度太多。我更倾向的评判方式，不是以一个人有钱没钱来评价。教师、科学家、一线工作者……许多人的成就不能用金钱来衡量。当然，我也不倾向于用所谓的专业能力、奖状及荣誉来评估，这个社会也不缺高知低能的角色。在我的经历中，去除身份、财富、名誉等所有身外之物，回归一个人自身，识别是强者还是弱者，我愿意用最简单的尝试来评判。

哪怕他只是在一个小岗位上,哪怕他只是个年轻人,哪怕他没名没姓,但是在我心中,他是"强者"。

心理学家弗洛伊德提出的"'本我''自我'和'超我'",能够很好地区分强弱之别。

"本我""自我"和"超我"是由心理学家弗洛伊德之结构理论所提出的精神的三大部分。1923年,弗洛伊德提出相关概念,以解释意识和潜意识的形成与相互关系。"本我"(完全潜意识)代表欲望,受意识遏抑;"自我"(大部分有意识)负责处理现实世界的事情;"超我"(部分有意识)是良知或内在的道德判断。

感兴趣的同学可以系统地了解一下。

我们判断一个强者,就可以用这个指标来衡量。

绝大多数的人都是"本我"的人。什么叫"本我"的人?自己被欲望驱动,喜欢就疯狂地无条件喜欢,不喜欢就是全盘否定地讨厌,没有平衡和客观评估的能力。上来一盘菜,小孩子最原始的状态是,这个菜喜欢吃就只吃这个菜,统统放到自己的身边,这叫完全从自己的欲望、喜好来出发。当然小孩子未必那么"懂事",但是成年人的世界呢?何尝不是到处充斥着小孩子的行为吗?随心所欲、以自己为中心、没有自控能力、只愿索取不愿付出、情绪不稳定等,当然,这更多地像人的本能。如果人都是以本能做事的,那么我们就会陷入"人本善"还是"人本恶"的人性漩涡中。

人的进阶过程,由弱变强,第一个很大的特征就是从"本我"到"自我"。什么叫"自我"?是人开始和这个世界的规则接轨

强者与弱者的区别，从"本我"到"超我"

了，没有人天生喜欢规则，但是如果我们没有规则，就会迎来一个混乱的社会。规则既是保护别人，也是保护自己。一个强者首先进阶的过程就是由"本我"到"自我"，开始能够不仅从自己的喜好出发，而且能够从社会中平衡自己的选择：分得清楚、平衡得好什么是自己愿意做和应该做的；什么是贪婪，什么是应得的……有了理性思维，有了思辨的思维，知道有所为有所不为，能够控制个体的欲望，从而实现更大的个人价值及组织价值。

再次跃升，就是从"自我"到"超我"的过程。光理性不够，光遵从社会的标准不够，要再上一个台阶，从更大的视角，如时空、历史角度，思辨什么事是正确的，是持久的，是共赢的。为更多的人创造价值，而不是只为了一己之利；擅长共建大家的目标，而不是只考虑一个人的目标；擅长找共赢，而不是仅考虑一个人的赢和输。这样的人，你会发现他最终成为人群中的意见领袖，因为他总能在更高维度上找到大家的共性价值、长期价值，看得更高。此时，他自然就成为社会中的真正强者。

所以我们要做强者，首先要能够控制喜好，不能像刚出生的小孩子一样，只是单纯地喜欢和不喜欢，而是能够在理性的层面上进行客观分辨。当成为"自我"的强者之后，再力争成为社会的强者。

商业中这样的例子数不胜数，"本我"的人的喜好直接会成为他评判的唯一标准。喜欢这个人就跟他合作，不喜欢这个人就不跟他合作，喜欢一个人那么这个人做什么事都是对的，不喜欢一个人那么他做什么都是错的，大是大非完全凭借喜好。做生意赚钱就要赢家通吃，而不是学会大家如何共同分享一块蛋糕，共享才能持续走下去，这些都是"本我"的体现。而到了"自我"呢？人慢慢变得客观和理性，人有好就有坏，都有两面性。再好的人也有缺点，再差的人也有优点，用人的长处而不是放大他的短处，与人合作是想办法建立一个长期的、能够稳定共赢的长效机制，而不是今天吃干拿净，让别人无饭可吃。超过个人欲望，更为理性的部分开始出现。而到了超我，这时会进入"看山不是山，看山又是山"的状态，人无所谓好坏，更多的只是扮演了社会的一个角色。这一个场景里会成为好人，到了另一个场景里有可能成为坏人。要从更大的规律上掌握人性，寻求商道。

所以，不论是员工、管理者，还是企业家，都需要情绪稳定、理性思考、自律自省、行为稳定，有"不是要我做而是我要做""不是单边博弈而是多方共赢""不是短期主义还是长期主义"的意识，这些人，难道不是我们身边的强者吗？

深夜思考

1. 你身边的人及你自身，当前的状态是"本我""自我""超我"的何种状态？

2. 多与"自我"和"超我"的人为友，无论他是何种岗位，都会让你越来越"强"。

11

寻找内心持续向上的动力

认知

三个建筑工人同时在工地上砌墙。

有个记者过去采访:"你们在干什么?"

第一个人没好气地说:"你没看见吗?在砌墙。"

第二个人抬头笑了笑:"我们是在盖一幢大楼。"

第三个人边干边哼着歌曲,他的笑容很灿烂,很开心地说:"我们是在建设一个崭新的城市。"

为什么有人会有持续向上的动力，有目标，沉得住气踏实干，拥有超强执行力？有人却一直颓废不振，做什么都是浅尝辄止，调不起兴趣？

寻找内心向上的力量，是我们每个人的关键课题。

在我看来，恐怖的执行力背后都有恐怖的心力，心的力量足够大，执行力才会足够强。别人拿着枪逼着你干，你会想100种办法偷奸耍滑，但当你内心真的想完成目标时，才会身心合一，爆发出一种全新的生命动力。

我的童年时代其实学习成绩一直很差，不像一些天才级状元，从小到大都是学霸。我的母亲是当地的老师，父亲是当地的公务员，在20世纪90年代初，我算是有着不错的生活环境，虽比不上现在的富二代，但衣食无忧的生活也让我没有什么学习动力。小学1~3年级，我的学习都是倒数，却依然没有压力。1994年，我们全家搬到海南，一下子到了陌生环境，不再是小县城的好家庭，而是小城市的小居民，一切都是重新开始的状态，背井离乡也遇到了不少不如意和苦难。在那个环境里，我突然发现自己是个平凡孩子，没有光环，需要自强。早上早早起床上学，晚上回去父亲在天台教我数学，学习一下突飞猛进，成了小学里面名列前茅的人，这是我的第一次逆袭，让我第一次感觉到奋斗的动力和自己的执行力。

后来家庭环境转好，父亲在上市公司做高管，母亲也是重点学校的高级老师，生活一安稳我好像又有点"躺平"的姿态，初一、初二没有保持小学的好状态，学习又倒数。后来，父母说这样不行，在母亲任职的学校里读书太容易被照顾，应该出去好好接受一下更规范、更好的教育，那样才能让我更自立。初三时，父母花了一笔不小的费用把我送到了私立学校。那一刻，我的心受到很大触动，有强烈的愧疚感，都是上学为什么我要花 N 倍的学费去读私立学校呢？在家庭不富足的情况下，是因为我的"不争气"才让父母更受累，在那种心理压力下，我一下子又燃起了一股力量，为了家庭，也是为了父母，想给父母争口气。

直到今天我回忆起来都有点不可思议，初三时，我跟管理教学楼的大爷商量好，天没亮就最早到教室，中午最后一批到食堂，节约排队时间，吃饭时间能短则短。午休分秒计算，多一分钟也不睡，再提早回到教室；晚上一定要等到教学楼的灯全部拉停，才回到宿舍，永远是最晚回到宿舍的人。就这样一年的时间，我又从倒数成了班级前三，当然一年高度紧张的折腾状态让我得了胃溃疡，常常半夜被疼醒。但是这样的跨越经历，让我知道我可以。

后来，父母担心我的身体，又让我回到母亲工作的高中，不出意料我又懈怠了。当过第一，但不追求第一，这种状态让我一直不上不下。高二末，又一次心力出现，许多看我长大的老师殷切地期待，众人的目光让我又燃起了一次奋斗动力。一定要走出来，一定要登上塔尖，成为所有人眼中的骄傲！

我不是很有天赋的人，但是心力与勤奋帮助了我，在这样的推动下，高三由理转文，进行了高三的豪赌冲刺。超强执行力，我又回归到了那种奋斗的状态，每天高度自律，如什么时间做什么、如何快速找到学习的基础规律、如何保持身体与学习的平衡都是想好的。此时，对我来说全世界就是一个色调。就这样过了一年，奇迹真的发生了，我登上了北大殿堂。

离开了家乡，进入大学，面对全国各地的状元郎，经过不断地从底部到头部的过程，我的心中已经种下了一个火种。王侯将相宁有种乎，每个人都有机会通过双手走到台前。后面我又萌生了创业的想法，靠自己的双手改变人生，创造价值。当时，我很幸运地遇到了老东家的董事长和我的老师，他们对我说："你要创业还不如先学习，跟着我做咨询，才能最快地参透商业的本质。"就这样，我带着创业的信念，一头扎进了管理咨询，没想到，一做就是10年。

这10年如1日，我的人生已经形成了一种向上动力，不用再靠外界的期盼驱动我前行，这是来自内心的力量驱动。这10年时间，我比很多同事都足够自律，白天高强度地工作，晚上看书学习补课，每一天晚睡一小时，早起一小时，几乎没有周末，一年365天，80%的时间都在出差，满脑子都是商业的实质。十年磨一剑，最后剑才能够出鞘。

当然，这种内驱力随着我不断向前行走，也在不断地发生变化。一亿中流发展得越来越好，我个人的成就动机已经不那么明显，营收1000万元目标、1亿元目标、10亿元目标也近在咫尺，甚至未来有机会做出一家百亿元规模的企业。但当这一切都成为现实时，你发现那个自我成就动机很强的我又发生了变化。

奋斗的动力，不是为了一个人，也不是为了一个家庭，更不是为了一家企业，而是为了更多我们赋能的企业，为了社会，甚至为了国家而努力。

寻找内心持续向上的动力

今天,有些年轻的同学问我,怎么能有超强的执行力呢?

我想,首先应该找到你前行的动力,找到你人生的心力。你为了什么而努力,为了什么而奋斗,找到为什么你才有前行的动力。当有了这种力量的时候,不管刮风下雨,不管风吹浪打,你都能够坚定前行,这才是属于你的真正力量。

从进阶的阶段看,这样的心力在不同的时间段体现形式不同:

①当内生动力不足时,父母、家人、众人的期盼,就是动力;

②你内心深处的成就感形成内驱力;

③不为小我而为大我,更大的责任感,为了一群人、为了社会、为了创造、为了价值。

深夜思考

1. 你之前的向前动力是什么,你未来内心持续向上的动力是什么?

2. 这份动力本质是为自己还是为他人,是能走得短还是走得长?

12

读"大部头著作",学"系统化思维"

认知

在今天的信息爆炸时代,越来越多的人的大脑变成了超大的"移动硬盘",每个人的"移动硬盘"里都复制了大量的信息,国内外、政治经济、花边新闻……海量的碎片化信息,看似每条都有些用处,但是仿佛在生活和工作中又毫无用处。

大量的碎片化信息，其实根本算不上知识，都只是空占了你的"硬盘存储"而已。信息量越来越大，一些人纷纷说着脑袋不够用，还想着补补脑，怎么扩大自己的存储。

事实上呢？

你缺的不是"硬盘存储"，缺的是"CPU"，信息如果只是作为无用的数据，没有改变我们的所思所想，没有改变我们的行为模式，没有实际的产出，那么等同于空占大脑、空耗时间，没有意义。

例如，我经常和同学说，我们知道那么多世界500强，真正的意义是什么呢？我们关注的通胀通缩、国内外形势、宇宙大爆炸、哪个明星的绯闻、哪段历史轶事、哪家企业的八卦……对我们的真实帮助是什么呢？

我们真正需要锻炼的，是如何理解、如何思考事物背后的规律，进而帮助我们优化行为、提高决策力改变结果。如果没有处理能力，那么再多的信息到了大脑里，也没有任何意义。

所以，电脑的性能好坏，关键在于CPU能不能高效运转，而不在于硬盘的存储量有多大。

很多人问我："老师，如何像你一样思考？"在我看来，最佳的途径就是两个。

读"大部头著作"，学"系统化思维"，我认为是训练一个人"CPU"的最重要方式。

① 读"大部头著作"。

与快餐文化、短视频传播的获取知识相反，几十秒的视频、十几分钟的短篇阅读只是对我们的知识面有帮助，对逻辑思考并没有太大帮助。

想要有深度理解能力，最好的方式之一是"重度阅读"，特别是读数百页的大部头经典著作。

一本数百页的经典著作，是系统化阐释一个事物的必然形态。

对一个问题的分析，如同博士论文一般，将各种数据、各种论据、各种可能的结论，前因后果无比严谨地、严丝合缝地分析叙述，这样的思考，其实正是锻炼深度思考能力的极佳方式。

例如，我们都知道1+1=2，但是大部分只是知道这个结果，这看似是个常识，不用思考的问题。但是深度思考意味着，这不是1+1=2，而是哥德巴赫猜想，是个耗费近200年论证的庞大推论。所以，常人眼中的数学和数学家眼中的数学，不是一个数学。我们研究商业，如果是消遣，那么把很多事件当花边新闻，遇到的很多问题如蜻蜓点水一笑而过；但如果我们是实战派，是结果派，那么必将意味着，我们要成为商业世界中的数学家，要弄明白前因后果，而不是道听途说。

读有逻辑的书，读有深度的书，固然累，但是当对一个内容的最终思考深度不同时，读的是著者一生的积累，最终会让读者通过完整的阅读，不断累积厚度。

书，深者读深，浅者读浅。

所以，读商业大部头、逻辑性极强的经典著作，对一个问题产生超越常人的理解，恰恰是这个碎片化时代中难得的深度思考锻炼方式。

② 学"系统化思维"。

今天向谁学习更有效？学习什么更重要？

一招一式的学习，对于锻炼企业家的"CPU"很难有什么实质性帮助。例如，如何做流量、怎么降本增效、怎么做员工文化，这些知识更多的是一项技能。这些技能，并构不成企业家的核心差异，易学也易被模仿超越，知识的应用场景也是有限的。今天，我们看到很多人都在找各式各样的"老师"，但是很多人其实找错了对象、学错了内容，到最后不仅没有实际的收获，还极易受人影响，误入歧途。

向谁学习呢？首先我认为应该向有结果的人学习。

我们学习的对象应该是做出成果的人。

做出成果的人，不取决于年龄、不取决于先后，只有一个评价标准，成果！没做出成果，所有的言谈其实都是空话，是没有事实根据的，没有成果验证的。他的"那套逻辑，自己做成了吗"？在学校中做研究，所有的结论和规律都要以大量的事实结果为根基，但今天，一些所谓的老师，自己都没活明白、整明白，就开始做别人的老师了，"讲课的人敢讲，听课的人真敢听"。向没有真正成果的人学习，学到的也都是伪学。

学习的方向应该是学习一套完整的系统。

一个人真正有价值的是他的"系统化思维"。向一个高手学习，不是学习他的只言片语、经典名句，也不是学习他的生活方式、企业信条，而是应该学习他的"思考方式""他的CPU系统"。

有成果的人，如果不是因为运气好而收获，而是能够持续地拿到成果，那么他背后一定有一套完整的思考体系。例如，他做企业不是一家好，而是他参与的领域都不错；他投资不是只投了一家好企业，而是能够持续发现好企业、投资好企业并获得回报。那么他的这套与众不同的系统，就是最大的宝藏。"命好"我们无法复制，但是"系统"我们可以学习。

老师不在于多，而在于你能不能学深学透。

深夜思考

1. 当前你的大脑是"移动硬盘"状态还是"CPU"状态？应该如何强化自身的"CPU"？

2. 你身边有具备系统化思维的老师吗？你从他身上学习到了什么？

13

攻守道，进退时

认知

"将欲歙之，必固张之；将欲弱之，必固强之；将欲废之，必固兴之；将欲取之，必固与之：是谓微明。柔弱胜刚强。鱼不可脱于渊，国之利器不可以示人。"（摘自《老子道德经第三十六章》）

说的是：

想要收拢它，必先扩张它；想要削弱它，必先让它强大；想要废除它，必先推举它；想要夺取它，必先给予它。这是一种微妙高明的道理。柔能胜刚。鱼儿不能离开池渊，国家的利器不可以轻易向人展示。

商业世界中，有攻时就有守时，没有人可以一直高歌猛进勇往直前，也没有人可以一直永立潮头，所有人都是趋势的产物、顺势而为而已。当你攻下某城时，就要知道，你从攻方变成了守方，守者在明面，攻者的筹划在暗面，被攻下的城池，被夺走只是时间而已。当你处在趋势的高点时，你就要知道，趋势有时在波浪的高点，有时在波谷的低点，上一刻高、下一刻就会低，而不远的地方，一股更大的潮正汹涌而来，这些是浪潮的波涛、时代的脉搏，你我都在时代的脉搏中共振。

所以扩张与收缩、强大与削弱、推举与废除、给予与夺取，在商业世界中，都是辩证统一的。天下熙熙，皆为利来；天下攘攘，皆为利往。看看历史的江湖过客，你方唱罢他登场，这些道理还不够明显吗？

很多时候我在想，万千企业前进的过程，所有人看似无规则地运动，向杂乱无章的方向奔跑，其实背后都有统一的大势。看似混乱，但是在更高的维度中其实有着更大的秩序。这个大势、这个秩序，就是历史趋势滚滚向前，新人不断进场，老人皆会退场，一代接一代向前的壮观大势。

所以，我们拥有一个怎样的商业历史观，就会拥有一个怎样的商业人生态度。

当我们踏入商业的这条河流时，就意味着有一天我们也要退场，出场的方式与退场的方式同样重要，有始就有终。攻下一个城池，是死守着阻挡新的敌军，还是培养下一代"扶上马送一程"，号召他们、帮助他们再次拿下高峰？是一将功成万骨枯，还是与众人共享共赢，走向联合共生？是做一个自己的私有属地，还是营造一个公共开放的平台？……面对一个个生死选择，不断考验着创业者的商业价值观。

在滚滚向前的商业长河中，世人看到的是千军万马之间拼死搏杀，尸横遍野，但在我看来，在更高的维度上，在更长的商业历史中，其实商业不存在绝对的对手。与竞争对手间，同样有更大的增量合作空间；与你死我活的对手间，同样有重组成为一体，心连心做战友的机会；与新世代要迭代老一代间，同样有成为师徒而衣钵相传的可能……

攻守有道，进退有时。

明知会退场，为何还奋勇向前孜孜不倦？还一直在大潮中争做弄潮儿？

一条大潮中的鱼，获得了无尽的滋养，最终也终会成为大潮滋养未来，奔腾向前的养分。

这可能就是创业者的终极意义吧！

为己，为人，为大潮！

深夜思考

1. 你的商业世界观是什么？

2. 你的攻守道、进退时是什么？

刘海峰分享"高维战略"

刘海峰在杭州为企业家授课

刘海峰在广州为企业家授课

刘海峰在深圳为企业家授课

刘海峰在西安为企业家授课

刘海峰在山东为企业家授课

刘海峰在成都为企业家授课

刘海峰在一亿中流2035战略私董会季度大课上做分享

刘海峰给企业家做辅导

刘海峰在上海做主题分享

刘海峰在西安做主题分享

刘海峰在商界大讲堂做分享

刘海峰在一亿中流2035战略私董会上授课

刘海峰在一亿中流2035战略私董会五周年盛会上做分享

一亿中流2035战略私董会学员2024年合影

《高维增长》签售会